KB074322

중용

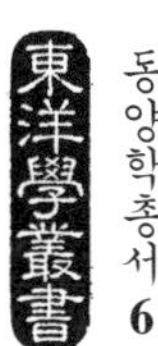

동양학총서 6

중용 中庸

성誠이란 무엇인가?

이준영 해역

자유문고

'중용'은 어떤 책인가?

'중용中庸'은 보편타당성을 갖는 일반적인 진리이며, 학문하는 사람들이 항상 그 시대에 적용해야 할 사회과학적 진리라 할 수 있다.

『중용』은 유가儒家의 사서(四書: 大學, 論語, 孟子, 中庸) 중에 하나로써, 우리 선조들이 학문하는 데 있어 필수불가결한 것으로 여겼으며, 학문하는 선인들이 반드시 거쳐야 하는 저서이기도 했다.

주자(朱子: 朱熹)의 해석에 의하면 중中이란 '불편불의不偏不倚하고 과불급過不及이 없는 것'을 이르며, 용庸이란 '평상平常'이라고 했다.

어느 한쪽으로 기울거나 치우치는 일이 없고 지나치지도 모자라지도 않은 것으로, 중中이란 온 천하에 통용될 수 있는 달도達道요, 용庸이란 언제나 떳떳하고 당연한 것이며 모든 사리에 알맞은 것을 말한다.

본래 이 『중용』은 『예기禮記』의 총 49편 가운데 제31편에 수록되어 있는 내용이며, 그 저자는 공자孔子의 손자인 급(伋. 字는 子思)이라는 것이 통설로 되어 있다.

사마천司馬遷의 『사기史記』 공자세가孔子世家에는 "공자의 손자인 자사子思 급伋이 지었다."고 되어 있고, 반고班固의 『한서예문지漢書藝文志』에도 이와 같이 기록되어 있다.

또 『공총자孔叢子』의 거위居衛편에는 자사가 16세 때 송宋나라에서 포위당한 일이 있었는데 그때 고통과 함께 느낀 바가 있어 『예기』

속에 들어 있는 '중용'을 찬撰했다고 나와 있다.

『공총자』라는 책은 본래 허위적인 내용이 많이 기재되어 있어 그 내용을 모두 믿을 수는 없으나 『예기』 속의 중용편이 자사의 저서라는 것은 예부터 확정적으로 믿어져 전해오고 있다.

남송南宋의 대유학자인 주희朱熹도 『사기』나 『한서』에 전해오는 것을 이어받아서 『중용』을 자사의 저술이라고 단정했으며, 『대학大學』과는 달리 『중용』의 저자는 자사라는 것에 대해 별 이론을 제기하지 않았다. 다만 북송北宋의 구양수歐陽修와 진선陳善 같은 사람만이 자사의 저술이 아니라고 반론을 폈을 뿐이다.

『중용』을 『예기』에서 별도로 독립시킨 사람은 중국 육조六朝시대의 송宋나라 대옹戴顒이라는 학자였다.

대옹은 『중용전中庸傳』 2권을 지었다고 전하고 있으나 현재 그의 저서는 전해지지 않고 있다.

또한 양梁나라 무제武帝 때 『중용강소中庸講疏』 1권, 『사기제지私記制旨』, 『중용의中庸義』 5권이 편찬되었다고 하지만 역시 현재는 전해지지 않고 있다.

당唐나라 시대에는 이고李翺라는 학자가 『복성서復性書』라는 저서를 지었는데 이것은 『중용』의 주석서이기도 하다. 이고는 또 『중용설中庸說』을 짓기도 했다.

그 후 송나라 시대에 접어들어 호원胡瑗, 진양陳襄, 여상余象, 교집중喬執中, 사마광司馬光, 장방평張方平 등이 각각 중용강해講解와 논설을 지었다.

중용강해와 논설을 송나라의 범중엄(范仲奄: 希文)이 대유학자인 장재(張載: 張橫渠)에게 전했다고 한다.

그 후 정자 형제(程子兄弟: 程顥·程頤)에 이르러 하나의 책으로 분류했으며, 『대학』과 함께 사서四書의 하나가 되었다. 주희가 『중용장구中庸章句』를 지은 뒤부터 사서로서의 위치가 확고하게 굳어졌다.

당나라 시대 이전까지는 모두 오경五經이 유가사상의 기본을 이루었으나 북송의 주희 이후부터는 유학의 기본사상이 사서四書를 중심으로 옮겨졌으며, 『중용』 또한 그 위치를 더욱 확고하게 굳혔다.

『중용』의 지위를 확고하게 굳힌 주희의 『중용장구』는 각각의 장章을 구분하고, 구句마다 해석을 덧붙여 학자들이 쉽게 이해할 수 있도록 각각의 글귀를 풀어 설명했다.

『예기』 속에 들어 있는 '중용'은 33절로 나누어져 있는데 학자마다 견해가 달라 일정하지 않았다.

정이(程頤: 伊川)는 『예기』의 제31편 '중용'의 33절은 타당하지 않다고 여겨 37절로 나누었다. 주희는 그것을 다시 33장章으로 만들었는데 주희의 33장 단락은 『예기』의 33절 단락과는 동일하지 않다.

또한 『한서예문지』에는 『중용설中庸說』 2권이라 했고, 안사고顔師古의 주석에는 『중용』 1편이라 했다.

이처럼 송나라 이후에도 많은 학자들이 각각의 다른 의견을 내놓아 '중용'의 실상을 밝힌 이가 많았다.

『중용』은 유가儒家의 도통道統의 맥을 이은 것으로 주희의 서문에서도 '도통의 전함을 잃을까 두려워하며 지은 것'이라고 강조하고 있다.

『대학』이 유가 성리학性理學의 기초 입문서라면 『중용』은 성리학 연마의 절정에 이를 수 있게 하는 진수眞髓로서 그 대의大義는 '성자誠者'

와 '성지자誠之者'의 공부라 하겠다.

『중용』은 고대부터 유가 학문의 도통을 잇는 계승서로 일컬어지는 성리학을 완성시키는 길이며 성인聖人의 문門에 이르는 지름길로, 인간 사회의 모든 길은 '자연의 성誠과 인간의 성지자誠之者'가 합치될 수 있다는 최고의 학문이기도 하다.

그러므로 현대사회의 학자들이 『중용』을 통달하면 유학의 도통을 잇는 것은 물론, 『중용』 속의 '지성至誠'은 지성至聖으로 이르는 길이며, 천지의 자연과 합하고 우주와 합하여 만물을 화육化育시키고 천지와 조화를 함께 할 수 있다는 천지인天地人의 합일合一 사상을 익히는 길이기도 하다.

유학을 공부하는 학자라면 이 『중용』을 탐독하지 않고서는 유학을 한다고 할 수 없으며, 또한 『중용』은 『역易』을 공부하는 데에도 기초를 닦아 주는 기본 수양서修養書이기도 하다.

이처럼 심오한 『중용』의 학문을 현대사회에 사는 모든 사람이 통달하고 직무에 참고한다면 자신의 직무뿐만 아니라 이웃을 구제하고 인仁을 함께 하는 미풍이 사회에 충만하게 될 것이다.

『중용』의 학문은 『대학』과 연결되는 학문이다. 『대학』이 자신을 성자聖者로 가꾸는 길이라면 『중용』은 성자가 되어서 사회에 적응하여 실천하는 학문이다. 건강한 사회, 복된 국가, 좋은 정치, 인간의 도덕성 회복 같은 것이 학문하는 사람들 모두의 소망이다. 이 모두의 소망을 사서四書의 하나인 『중용』 속에서 찾아 건강한 사회와 미래의 복된 국가를 설계할 수 있을 것이다.

일러두기

본서의 번역은 주희朱熹의 『중용집주中庸集註』를 근본으로 하였다.

◉ 표시 이하의 문장은 주희가 해설한 집주해설문과 역자의 설명문을 함께 적은 것이다.

✿ 표시 이하는 주희의 「중용집주」 원문이며, 그 밑의 〔 〕 안은 주역 원문의 직역이다.

※ 표시 이하의 문장은 『중용집주』의 장을 구분한 구절의 해설이다.

중용집주 中庸集註

중용장구대전中庸章句大全

중中이란 편벽되지 않고 어느 한쪽으로 기울지도 않으며, 지나치거나 미치지 못하는 바가 없이 그때그때의 상황에 따라 대처하는 사회 과학적인 진리를 말한다. 용庸이란 항상 떳떳한 것, 곧 일상적인 것을 말한다.

정자程子가 말했다.

"편벽되지 않은 것을 중中이라고 하며, 바뀌지 않는 것을 용庸이라고 한다. 중中이란 천하의 바른 도道이며, 용庸이란 천지天地의 정해진 이치이다.

이 편篇은 공자의 문하門下에서 전수傳授되어 오는 심법心法인데, 자사가 전수해 온 지가 오래되어 뜻을 이해하는 데 차질이 있을까 두려워하고, 이를 책으로 엮어 맹자孟子에게 전했다.

이 책은 처음에는 하나의 이치를 말하고, 중간에서는 흩어 만 가지 일이 되고, 끝에 가서는 다시 합하여 한 가지 이치가 된다.

놓으면 육합(六合: 온 우주, 곧 천지 사방이 합함)으로 더해지고, 한 책으로 묶으면 엄밀하게 감추어져 물러서며, 그 맛이 다함이 없다.

이렇듯 진실한 학문이므로 잘 읽어서 완색玩索하여 얻음이 있으면 몸을 마칠 때까지 이를 써도 능히 다 쓰지 못할 것이다."

中者는 不偏不倚하여 無過不及之名이오 庸은 平常也라

子程子 曰不偏之謂中이오 不易之謂庸이라 中者는 天下之正道오 庸者는 天下之定理라 此篇은 乃孔門傳授心法[1]이라 子思가 恐其久而差也라 故로 筆之於書하여 以授孟子[2]하다 其書가 始言一理하고 中散爲萬事하고 末復合爲一理라 放之則彌六合[3]하고 卷之則退藏於密하여 其味가 無窮하니 皆實學也라 善讀者 玩索[4]而有得焉 則終身用之라도 有不能盡者矣라

※

1 心法(심법): 스승과 제자 사이에 도를 전수하여 내려오는 정신을 말한다.

2 孟子(맹자): 맹가孟軻를 말한다.

3 六合(육합): 천지天地와 동서남북東西南北을 뜻한다. 곧 온 우주, 대자연의 현상.

4 玩索(완색): 글의 뜻을 완미하여 그 뜻을 찾다.

제1부 인간의 도道

사람마다 모두 자기는
지혜롭다고 한다.
그러나 쫓겨 그물이나 덫이나
깊은 함정에 빠져 들어가도
자신은 그것을 피할 줄 모른다.
사람마다 모두 자기는
지혜롭다고 한다.
하지만 자신은 중용中庸을 가려내어
그것을 능히 한 달도
제대로 지켜 내지 못한다.

제1장 도의 본질

1. 사람에게 부여된 성性

천지자연의 조화에서 맑고 정精한 최선最善의 지혜를 받은 것이 인간의 성(性: 仁·義·禮·智·信)이다.
이 성性은 본래 하늘에서 부여받고 태어난 것이다.
하늘이 준 이 본성이 순리를 따라 가는 것을 도(道: 사람이 걸어가야 할 길)라고 한다.
이 도를 잘 닦아 익혀 천하의 이법理法을 제정하는 것을 가르침〔教〕이라고 한다.

◉ 집주集註에서 말했다.

명命은 영令과 같다. 성性은 곧 이(理: 이치)이다. 하늘이 음양陰陽과 오행(五行: 金木水火土)으로써 만물을 화생化生시키는데 기氣로써 형체를 이루게 하고 이치로써 또한 부여해 준 것이, 곧 명령해 준 것과 같은 것이다. 이에 인물人物이 태어나 각각 그 부여해 준 바의 이치를 따라서 건순(健順: 陽陰)과 오상(五常: 仁義禮智信)의 덕을 만들어 준 것을 이른바 성性이라 한다.

솔率은 순順이다. 도道는 노路와 같다. 인물이 각각 그 성性의 자연스러운 것을 따르면 날마다 사용하는 사물의 사이에는 각각이 마땅히 행해야 할 길이 있지 않는 것이 없다. 이것을 곧 이른바 도라고 한다.

수脩는 품절(品節: 등차를 세움) 한 것이다. 성性이나 도道는 비록 동일하지만 기품氣稟은 혹은 다른 것이다. 그러므로 과하거나 불급不及의 차이가 없지 않다. 성인聖人은 인물의 마땅히 행할 바를 따라 품절하고 천하의 법령으로 삼은 것으로 곧 교敎라고 일렀다. 곧 예악형정禮樂刑政의 무리가 이것과 같은 것이다.

대개 사람은 자신에게 성性이 있는 것을 알지만 그 성이 하늘에서 나왔다는 것을 알지 못한다. 사람은 일에 도道가 있다는 것을 알지만 그것이 성性에서 말미암았다는 것을 알지 못한다. 성인의 가르침이 있다는 것은 알고 있지만 그것이 나에게 오래 전부터 두고 있는 것을 따라 제재했다는 것을 알지 못한다. 그러므로 자사는 이곳의 첫머리에 발명發明시켰다. 이것은 동자(董子: 董仲舒)의 이른바 '도道의 대원大原은 하늘에서 나왔다.'라고 한 것이 또한 이 뜻이다.

자연의 조화에서 얻어진 유정唯精하고 유일唯一한 것을 부여받아 인간이 태어날 때 소지하고 나온 것, 곧 하늘이 우리 인간에게 명령하여 가지도록 한 것이 본성本性이다. 여기에서 말하는 하늘은 종교에서 말하는, 무엇을 주재하는 주재신主宰神은 아니다.

모든 만물을 생성生成시키고 화육시키는 자연현상(自然現象: 陰陽의 造化)을 뜻하는데, 이 자연현상 속에 있는 최선의 기氣를 인간에게 부여해 준 것이 곧 이 성(性: 이치)이다.

이 자연적으로 부여된 성性을 자신이 자유자재로 거느리고 순리順理를 따르는 것이 곧 도道다. 도는 인간이 가는 길이다. 이것은 본성(本性: 理致)을 거느려 가는 길을 찾는다는 뜻도 된다.

이 길을 잘 닦아 치도治道를 만드는 것이 가르침이라고 하는 교教이다.

도를 닦는다는 것은 잘못된 것을 고친다는 뜻도 된다.

보통 사람들은 선한 본성을 지니고 있으면서도 그것이 하늘로부터 부여된 것인 줄 모르고, 또 모든 사물에는 각각의 이치가 있다는 것을 모른다.

이러한 진리를 깨우치고 닦아 올바른 길로 갈 수 있도록 하는 것이 곧 법도(法度: 교육)요, 이 법도를 세운 것이 곧 가르침이다.

그러므로 송宋나라 주염계(周濂溪: 敦頤)는 말했다.

"하늘이 준 성性에서 사랑하는 것을 인仁이라 하고, 마땅히 해야 할 옳은 일을 의義라 하고, 사람의 도리를 다하는 것을 예禮라 하고, 두루 통하여 아는 것을 지智라 하고, 옳은 것을 지키는 것을 신信이라 한다.

천성天性을 그대로 지녀서 편안한 상태에 있는 것을 성聖이라 이르고, 잃어가는 성性을 되찾아 그것을 잡아 지키는 것을 현賢이라 이르고, 발發하는 것이 적어 눈으로 볼 수는 없으나 두루 채워도 다함이 없는 것을 신神이라 이른다."

공자孔子가 말한 '인간의 모든 도리를 다한 후에 하늘의 명을 기다린다〔盡人事待天命〕.'는 것은, 하늘이 준 성性을 밝히고 그 성을 거느려 인간이 갈 길을 가는 것이며 인간의 사명을 다하는 것이라고 할 수 있다.

하늘은 음양오행으로써 천하의 모든 사물을 화육化育시키고, 기로써 형체를 만들고, 이치로써 각각의 사물에 성을 부여한다.

이것을 명령하는 것과 같다고 한 것이다. 이에 사람이 태어나는 데에는 각각 그 음양오행의 조화造化에서 특성이 부여된다. 특성이 부여됨에 따라 개개인의 성性이 이루어진다.

인간과 만물의 생성 과정은 자연의 이치에 따라서 일상생활에 쓰임새가 있게 되는데, 그 쓰임새에 따라서 그 가는 길이 형성되는 것을 도道라 이르고, 이는 각각 사물에 따라서 마땅히 가는 길이 있지 않는 것이 없다.

성도性道, 곧 성품이 가는 길은 다 같지만 타고난 기품(氣稟: 氣質)이 혹 서로 달라 어떤 사람에게는 너무 지나치기도 하고 어떤 사람에게는 미치지 못하기도 하는 차이가 있을 뿐이다. 그러므로 성인은 사람과 만물이 마땅히 행할 바를 따라 품절品節 하고 천하의 법칙을 만들어 그 법칙으로 가르침을 삼았다. 그 예악형정禮樂刑政이 이에 속한다.

天命[1]之謂性[2]이오 率性[3]之謂道[4]오 修道[5]之謂教니라

命 猶令也 性 卽理也 天以陰陽五行化生萬物 氣以成形而理亦賦焉 猶命令也 於是人物之生 因各得其所賦之理 以爲健順五常之德 所謂性也 率 循也 道 猶路也 人物各循其性之自然 則其日用事物之間 莫不各有當行之路 是則所謂道也 脩 品節之也 性道雖同 而氣稟或異 故不能無過不及之差 聖人因人物之所當行者而品節之 以爲法於天下 則謂之教 若禮樂刑政之屬 是也 蓋人知己之有性 而不知其出於天 知事之有道 而不知其由於性 知聖人之有教 而不知其因吾之所固有者 裁之也 故子思於此首發明之 而董子所謂道之大原 出於天 亦此意也

〔하늘이 명령한 것은 성性이요, 성을 따르는 것은 도道요, 도를 닦는(품절)

것은 교教라 이르느니라.〕

※

1 天命(천명): 하늘이 명령한 것.

2 性(성): 이치. 하늘이 인간에게 부여한 인의예지신仁義禮智信을 말하는데, 사물에 있어서는 이치理致라 하고 인간에게 있어서는 성이라고 일컫는다.

3 率性(솔성): 인의예지의 순리를 따르는 것이다. 사물에는 이치를 따른다고 하고 인간에게는 순리를 따른다고 한다.

4 道(도): 길. 대로大路. 인간이 가는 길. 천지 자연天地自然의 진리인 순환의 이치에 따라 인간 본연의 길을 가는 것을 말한다.

5 修道(수도): 사람이 가야 할 길을 품절 한다. 예악형정禮樂刑政을 제정하는 것이다.

2. 도는 사람과 함께 하는 것이다

사람이 가야 할 도道에서는 잠깐이라도 자신의 몸이 떠나서는 안 된다. 잠시라도 떠나면 그것은 사람이 가야 할 도가 아닌 것이다. 그러므로 군자는 아무도 보지 않는 곳에서도 항상 경계하고 조심하며, 아무도 듣지 않는 곳에서도 도를 보존하기 위하여 항상 조심하고 또 조심해야 한다.

은밀隱密한 곳보다 더 드러나 보이는 곳이 없으며, 조그마한 일이라도 그 상태가 반드시 환하게 나타나는 것이다. 그러므로 군자는 항상 자기 홀로 있을 때에 더 조심한다.

◉ 집주에서 말했다.

도는 날마다 사용하는 사물의 당행當行의 이理이며, 모두 성性의 덕이 마음에 갖추어져 사물에도 있지 아니한 것이 없고 제때에 그러하지 않는 것이 없으며 잠깐이라도 몸에서 떠나서는 불가하다. 만약 잠깐이라도 떠나면 곧 어찌 솔성率性이라고 이르겠는가? 이 때문에 군자는 마음에 항상 공경하고 두려워하는 것을 보존시켜 비록 보이지 않고 들리지 않는 곳에서도 또한 감히 소홀히 하지 않고 천리天理의 본연을 보존시켜서 잠깐의 사이라도 떠나지 않게 하는 것이다.

은隱은 암처暗處이다. 미微는 세사細事이다. 독獨은 남은 알지 못하고 자신만이 홀로 아는 땅이다. 유암幽暗의 속이나 세미細微한 일에는 자취가 비록 형상하지 않았지만 그의 기미는 이미 발동한 것이다. 남은 비록 알지 못하지만 자신은 홀로 알고 있는 것이다. 곧 이것은 천하의 일이 나타나 보이고 밝게 드러난 것이 이보다 지나침이 있지 않는 것이다.

이에 군자는 항상 경계하고 두려워하여 이에 더욱더 삼가는 것이다. 이에 사람의 사욕이 장차 싹트는 것을 막아 그 은미한 속에서 숨어 불어나고 어둠 속에서 자라나 도를 떠나 먼 곳으로 이르지 못하게 하는 것이다.

도는 우리의 일상생활에서 항상 쓰이는 것이며, 모든 사람을 대할 때 마땅히 행해야 할 이치이다. 이것은 하늘이 부여한 성性의 도덕적 가치이며, 인간의 마음에 항상 갖추고 있어야 할 마음의 잣대〔尺〕이다. 천하 만물은 다 각각의 상태에 따른 보편타당한 이치를 갖추고 있다.

이러한 것은 사시장철 계속 운행되는 자연의 현상계現象界에서 잠시라도 없어서는 안 되는 현상이며, 인간 자체에서 잠깐이라도 떠나게 한다면 성性을 거느리고 있다고 말할 수 없다. 그러므로 군자는 항상 공경하고 두려운 마음을 가지고 남이 보거나 보지 않거나 듣거나 듣지 않는 곳에서도, 또 혼자 있는 곳이나 음침한 곳이나 조그마한 일이나 큰일에서도 항상 경솔히 할 수 없는 것이다.

천리天理의 본연의 이치를 잠깐이라도 잃지 않아야 도가 자신에게서 떠나지 않는다는 것을 강조한 말이다.

道也者[1]는 不可須臾[2]離也니 可離면 非道也라 是故로 君子는 戒愼乎其所不睹하며 恐懼乎其所不聞이니라

莫見[3]乎隱[4]이며 莫顯乎微[5]니 故로 君子는 愼其獨[6]也니라

道者 日用事物當行之理 皆性之德而具於心 無物不有 無時不然 所以不可須臾離也 若其可離 則豈率性之謂哉 是以君子之心常存敬畏 雖不見聞 亦不敢忽 所以存天理之本然 而不使離於須臾之頃也

隱 暗處也 微 細事也 獨者 人所不知而己所獨知之地也 言幽暗之中 細微之事 跡雖未形而幾則已動 人雖不知而己獨知之 則是天下之事無有著見明顯而過於此者 是以君子旣常戒懼 而於此尤加謹焉 所以遏人欲於將萌 而不使其潛滋暗長於隱微之中 以至離道之遠也

〔도라는 것은 수유須臾도 떠나지 못할 것이니 가히 떠나면 도가 아니다. 그러므로 군자는 그 보지 아니하는 곳에서 계신戒愼하며, 그 듣지 아니하는 곳에서 공구恐懼하는 바니라. 은隱한 곳보다 나타나는 곳이 없으며, 미微한 것보다 나타나는 것이 없다. 그러므로 군자는 그 독獨을 삼가느니라.〕

※

1 道也者(도야자): 일상생활에서 항상 쓰이고 또 사물을 접할 때 마땅히 행해야 할 이치를 말한다.

2 須臾(수유): 한순간. 잠깐, 잠시.

3 見(현): 나타나다. 여기서 '견見'은 '현現'으로 읽는다.

4 隱(은): 어둡고 컴컴한 곳.

5 微(미): 조그마한 일. 아주 미세한 일.

6 獨(독): 남은 알지 못하고 자신만 알고 있는 곳. 홀로 있을 때.

3. 천하의 알맞은 것

기쁘고 화나고 슬프고 즐거운 일이 일어나지 않은 상태를 중中이라고 한다.
기뻐하고 화내고 슬퍼하고 즐거워하는 일이 일어나 인정人情의 올바른 상태에 이르는 일을 화和라고 한다.
중中이라는 것은 천하의 큰 근본이요, 화和라는 것은 천하의 달통達通한 도이다.
천하의 근본인 중中과 달통한 도인 화和를 이루면 하늘과 땅은 제자리에 위치하며, 모든 사물은 생을 영위하게 되는 것이다.

◉ 집주에서 말했다.

희로애락(喜怒哀樂: 기쁨, 분노, 슬픔, 즐거움)은 정情이고, 이 희로애락이 발동하지 않은 것은 성性이며, 이 성이 편의(偏倚: 치우침)하는 일이 없는 것을 중中이라 이르고, 발동해서 모두 중절中節하고 정의 바른 것이 괴려乖戾되는 일이 없는 것을 화和라고 이른다.

'천하의 큰 근본'은 하늘이 명하여 준 성性을 말하며, 천하의 이치가 다 이것에서부터 말미암아 나오는 것으로 도의 몸체〔體〕이다.

'천하의 달통한 이치'란 성性을 따르는 것을 말하며, 천하에서 옛날이나 지금이나 한 가지로 말미암는 길이며, 도의 쓰임이다. 이 내용은 성정性情의 덕을 말해 '도가 사람에게서 떠나지 못한다.'는 뜻을 밝힌 것이다.

치致는 추진해서 다한 것이다. 위位는 그의 자리에서 편안한 것이다. 육育은 그의 생명을 성취시키는 것이다. 경계하고 두려워하는 것으로부터 검약하고 지극히 고요한 속에 이르면 한쪽으로 치우치는 바가 없으며, 그 지키는 바를 잃지 않고 그의 알맞은 것에 지극하게 되면 천지는 위位에 하는 것이다. 근독謹獨으로부터 정밀하게 하여 사물의 응하는 곳에 이르러 조금의 잘못되는 것이 없게 되면 가는 곳에는 그렇게 되지 않는 것이 없게 되고 그의 화和를 다하게 되면 만물이 육성되는 것이다. 대개 천지의 만물은 본래 나와 일체一體이다. 나의 마음을 바르게 하면 천지의 마음도 또한 바른 것이다. 나의 기氣가 순응하면 천지의 기도 또한 순응한다. 그러므로 그 효험이 이와 같은 것에 이르는 것이다. 이것은 학문의 극공極功이고 성인聖人의 능사能事이다. 처음부터 밖에 기대하는 것이 있지 않게 되면 수도지교脩道之敎는 또한 그 안에 있는 것이다. 이것이 그 일체의 일용一用이고 비록 동정動靜의 다른 것이 있을 뿐이지만 그러나 반드시 그의 체體가 세워진 뒤에 용(用: 쓰임)하는 것이며 행하는 것이 있어야 진실한 것이니 또한 두 가지의 일이 있는 것은 아니다. 그러므로 이곳에서 합하여 말하고 상문上文의 뜻을 맺은 것이다.

도의 근본과 도의 쓰임이 이루어지면 하늘과 땅이 그 위치를 얻어 백성이 편안한 삶을 누리고, 천하의 모든 사물이 그 위치를 얻어 화육化育되고 성장한다는 것을 말했다. 이것을 도의 운행運行이라고 하며, '수도지위교(修道之謂敎: 도 닦음을 가르침이라 한다)'라고 한 본래의 뜻이 그 가운데에 들어 있다.

이 구절은 주자학朱子學의 근간을 이루는 부분으로 '미발未發'과 '이발已發'의 상태를 나누어 설명하는 것이다. 유학의 철학적 근간으로 항상 논쟁의 대상이 되는 부분이기도 하다.

喜怒哀樂[1]之未發을 謂之中이오 發而皆中節[2]을 謂之和니 中也者는 天下之大本也오 和也者는 天下之達道[3]也니라

致[4]中和면 天地位[5]焉하며 萬物이 育[6]焉이니라

喜怒哀樂 情也 其未發 則性也 無所偏倚 故謂之中 發皆中節 情之正也 無所乖戾 故謂之和 大本者 天命之性 天下之理 皆由此出 道之體也 達道者 循性之謂 天下古今之所共由 道之用也 此言性情之德 以明道不可離之意 致 推而極之也 位者 安其所也 育者 遂其生也 自戒懼而約之 以至於至靜之中 無所偏倚 而其守不失 則極其中而天地位矣 自謹獨而精之 以至於應物之處 無所差謬 而無適不然 則極其和而萬物育矣 蓋天地萬物本吾一體 吾之心正 則天地之心亦正矣 吾之氣順 則天地之氣亦順矣 故其效驗至於如此 此學問之極功 聖人之能事 初非有待於外 而脩道之教亦在其中矣 是其一體一用雖有動靜之殊 然必其體立而後用有以行 則其實亦非有兩事也 故於此合而言之 以結上文之意

〔희喜와 노怒와 애哀와 낙樂이 발發하지 아니한 것을 중中이라 이르고 발하여 다 절도에 맞는 것을 화和라 이르니 중中은 천하의 큰 근본이요 화和는 천하의 달한 도니라. 중中과 화和를 이루면 천지가 제자리를 찾으며 만물萬物이 길러지느니라.〕

※

1 喜怒哀樂(희로애락): 인간이 가지고 있는 네 가지 감정. 곧 기쁘고 화나고 슬프고 즐거운 일을 말한다.

2 中節(중절): 절도에 맞는 것. 절도가 있어 알맞은 것. 중中은 알맞다.
3 達道(달도): '달達'은 사방팔방으로 통한다는 의미이며, 때와 장소를 초월하여 통용되는 도의 쓰임을 말한다.
4 致(치): 미루어 사물의 지극한 곳까지 이르다.
5 位(위): 그곳에 편안하게 되는 것. 곧 그 자리를 얻은 것.
6 育(육): 그 생生의 과정을 온전히 이루는 것.

※ 이상은 제1장이다.
자사가 전해 오는 뜻을 기술해 말로 세웠다. 첫머리에는, 도道의 근본은 하늘에서 나왔으므로 바꿀 수 없는 것이며, 그 실제는 자신에게 갖추어져 있어서 떠나지 못한다는 것을 밝혔다. 다음으로는, 본심을 보존하고 본성本性을 기르며 자신을 성찰하는 중요성에 대해 말했다. 끝으로는, 성신聖神의 공적과 화육의 극치를 말했다.
대저 배우고자 하는 자는 여기에서 돌이켜 자신에게 구하여 스스로 얻은 후에 외물의 유혹과 사사로움을 버리고 그 본연의 선을 확충시켜야 한다고 했다. 북송北宋의 학자인 양시(楊時: 字 中立)는 이 장이 '제1편의 요체要體'라고 말했다.

右(上)※第一章 子思述所傳之意以立言 首明道之本原出於天而不可易其實體備於己而不可離 次言存養省察之要 終言聖神功化之極 蓋欲學者於此反求諸身而自得之 以去夫外誘之私 而充其本然之善 楊氏所謂一篇之體要是也 其下十章 蓋子思引夫子之言 以終此章之義
※ 본래 원문에는 우右자로 되어 있으며, 이 책에서는 편집 체제상 우右자가 합당하지 않아 상上자로 넣는다. 이하 문장은 이와 동일하다.

제2장 군자와 소인의 중용

1. 시중時中과 무기탄無忌憚

중니仲尼가 말했다.

"군자君子는 〔편벽되지 않고 한쪽으로 기울지 않으며 과(過: 지나치다. 넘치다)하지도 불급(不及: 부족하다)하지도 않은〕 중용中庸이요, 소인小人은 〔군자의 중용과 반대로 하는〕 반중용反中庸인 것이다."

군자의 중용은 군자가 항상 그때그때에 알맞은 중용을 선택하는 것이고, 소인의 반중용은 소인으로서 아무 거리낌 없이 행동하는 것이니라.

◉ 집주에서 말했다.

중용中庸은 불편不偏하고 불의不倚하며 과불급過不及이 없는 평상平常의 이치이고, 또 천명天命의 당연하고 정미한 극치極致이다. 오직 군자만이 능히 체득하는 것이다. 소인은 이와 반대이다.

왕숙본王肅本에는 '작소인지반중용야作小人之反中庸也'로 되어 있다. 정자程子는 또한 그러한 것으로 여겼으니 지금 '왕숙본'을 따른다.

군자가 중용을 하는 바는 군자의 덕을 둔 것을 사용하는 것이며, 또 때에 따라 중中에 처하는 데 능한 것이다. 소인이 중용에 반대되게 하는 바는 그가 소인의 마음을 가지고 또 꺼리는 바가 없는 것이다. 대개 중中에는 정해진 체體가 없으며 때에 따라 존재하는 것으로 이것은 평상平常의 이치이다. 군자는 그것이 나에게 있다는 것을 안다. 그러므로 능히 보이지 않는 곳에서도 경계하고 삼가며 들리지 않는 곳에서도 두려워하고 두려워하여 제때에 도에 알맞지 않는 것이 없다. 소인은 이것이 있는 것을 알지 못하고 욕심대로 하고 망령된 행동을 하고 기탄(꺼림)하는 바가 없는 것이다.

도를 닦은 군자는 모든 행동이 중용이 되지만, 소인은 그와 반대되는 행동을 한다는 말이다. 군자의 중용은 그때그때의 상황에 맞는 중용을 적용하는데 이것을 시중時中이라 한다. 시중은 저울에 한 근의 물건을 달 때에는 저울추가 한 근에 머물러야 중中이 되고, 두 근의 물건을 달 때에는 저울추가 두 근의 위치로 옮겨져야 중이 되는 것과 같이 그때그때의 사정에 맞는 것을 말한다. 소인은 무소불위無所不爲의 상태에서 아무 거리낌 없이 행동하면서 그것을 자신의 중용이라고 일컫는다. 군자는 중용이 자신에게 있음을 알기 때문에 항상 다른 사람이 보지 않는 곳에서도 조심하고 듣지 않는 곳에서도 삼가는 마음을 가져 언제나 중용 속에 살고 항상 중용을 잃을까 두려워하며 중용에서 벗어나지 않으려고 조심하는 것이다. 소인은 자신이 중용을 가지고 있음을 알지 못하기 때문에 방탕하고 탐욕스럽고 망령된 행동을 일삼고 모든 것을 거리낌 없이 자행하여 중용에 반대되는 행동만 골라 하면서 그것을 중용이라고 여기고 있는 것이다.

仲尼[1]曰 君子는 中庸[2]이오 小人은 反中庸이니라

君子之中庸也는 君子而時中[3]이오 小人之中庸也는 小人而無忌憚[4]也이니라

中庸者 不偏不倚 無過不及 而平常之理 乃天命所當然 精微之極致也 唯君子爲能體之 小人反是

王肅本作 小人之反中庸也 程子亦以爲然 今從之 君子之所以爲中庸者 以其有君子之德 而又能隨時以處中也 小人之所以反中庸者 以其有小人之心 而又無所忌憚也 蓋中無定體 隨時而在 是乃平常之理也 君子知其在我 故能戒謹不覩 恐懼不聞 而無時不中 小人不知有此 則肆欲妄行 而無所忌憚矣

〔중니 가라사대 군자는 중용이요, 소인은 중용에 반하느니라. 군자의 중용은 군자가 때로 중中함이요, 소인의 중용은 소인이 기탄함이 없음이니라.〕

※

1 仲尼(중니): 공자孔子의 자字. 노魯나라 곡부 사람이며, 이름은 구丘이다.

2 中庸(중용): 불편부당不偏不黨하고 지나치거나 미치지 못하는 것이 없이 보편타당성을 띤 이치이며, 하늘이 명령한 것이며 인간이 당연히 행하여야 할 정밀하고 세밀하며 모든 사리의 극치에 이른 행동이다.

3 時中(시중): 그때그때에 알맞은 것. 모든 사정에 적절하게 행동하는 것. 곧 순간순간의 진리.

4 無忌憚(무기탄): 거리낌 없다. 무슨 일이든 함부로 한다.

※ 왕숙王肅이 소장한 책에는 '소인지반중용야小人之反中庸也'로 되어 있으며 정자 형제(程子兄弟: 程顥·程頤)는 이와 같이 적용했는데, 이 글은 정자의 글을 따랐다고 주희는 집주에서 말하고 있다.

※ 이상은 제2장이다. 제2장부터 제10장까지는 다 중용을 논했으며 제1장의 뜻을 해석했다.

문장이 비록 이어지지는 않지만 그 뜻은 실제로 서로 이어지고 있으며 변화된 용庸을 말한 것이다.

유씨(游氏: 定夫)는 말하기를 "성정性情으로 말하면 중화中和요, 덕행德行으로 말하면 중용中庸이다."라고 했는데, 옳은 말이다. 그러나 중용의 중中은 실질적으로 중화의 뜻도 겸하고 있다.

上第二章 此下十章 皆論中庸以釋首章之義 文雖不屬 而意實相承也 變和言庸者 游氏曰 以性情言之 曰中和 以德行言之 則曰中庸是也 然中庸之中 實兼中和之義

제3장 지극한 중용

1. 백성이 사용하는 자는 적었다

공자가 말했다.
"중용中庸은 그 지극至極한 것이다. 백성 가운데 중용을 사용하는 데 능통한 자가 극히 적어진 지가 참으로 오래 되었구나!"

◉ 집주에서 말했다.

지나치면 중中을 잃게 되고, 미치지 못하면 중中에 이르지 못한다. 그러므로 오직 중용의 덕德이 지극함이 되는 것이다. 그러나 또한 사람이 얻어서 함께 하는 바는 처음부터 어려운 일이 없었다. 다만 세상의 가르침이 쇠약해지고 백성이 일으켜 행하지 않았다. 그러므로 '능선能鮮'이라고 했고, 지금은 이미 오래되었다고 했다. 『논어論語』에는 '능能'자가 없다.

중용에 이르는 것은 모든 사람이 다 같은 것으로 성인의 시대에는 처음부터 어려운 일이 없었다. 그러나 세월이 흐르면서 세상의 가르침이

쇠퇴해지고 백성이 행하는 데 힘쓰지 않음으로써 그것에 능한 사람이 적어졌음을 공자가 슬퍼한 것이다. 또 그만큼 중용을 적용하는 사람이 없음을 부언復言하기도 한 것이다.

子曰 中庸은 其至矣乎인저 民鮮能이 久矣니라

過則失中 不及則未至 故惟中庸之德爲至 然亦人所同得 初無難事 但世教衰 民不興行 故鮮能之 今已久矣 論語無能字

〔자子 가라사대 중용은 지극한저! 백성이 능한 이 적은 지 오래니라.〕

※ 이상은 제3장이다.

上第三章

제4장 도의 불행不行과 불명不明

1. 어진 자와 어질지 못한 자

공자가 말했다.

"도道가 행해지지 않고 있음을 나는 알고 있다. 도를 안다고 하는 사람은 너무 지나치고, 도에 아둔한 사람은 미치지 못한다.

도가 밝혀지지 못하고 있음을 나는 알고 있다. 어진 이는 지나치고, 어질지 못한 이는 미치지 못한다."

음식을 먹지 않는 사람이 없지만 음식을 먹고 능히 그 맛을 아는 사람은 진실로 극히 적은 것이다.

◉ 집주에서 말했다.

도道는 천리天理의 당연한 것이며 알맞을 따름이다. 지혜로운 자와 아둔한 자와 어진 자와 어질지 못한 자는 너무 지나치게 되고 미치지 못하게 되는 것은 곧 태어날 때부터 기질氣質이 달라서 넘치거나 미치지 못하여 각각 그 중中을 잃었기 때문이다. 지혜로운 자는 아는 것이 너무 지나쳐 이미 도로써 행하는 것이 부족하다고 여기고, 아둔한 자는 아는 것이 미치지 못해 또 행동할 바를 알지 못한다. 이것이 도가 항상 행해지지 못하는 까닭이다. 어진 자는 행동이 너무 지나쳐 도로써는 그 자신의 지식에 부족하다고 여기고, 어질지 못한 자는 행동이 항상 미치지 못하고 또 앎을 구하려고 하지 않기 때문이다. 이것이 도가 항상 밝혀지지 못하는 까닭이다. 도는 가히 떠나지 않는 것이지만 사람들은 스스로 살피지 않는다. 이 때문에 지나치거나 미치지 못하는 폐단이 있는 것이다.

모든 사람이 날마다 음식을 먹는데 일상적인 관습으로 때가 되어 배가 고프면 그냥 먹는 것이지, 그 음식의 맛을 음미하며 그 음식의 참맛을 알아서 먹는 것이 아니다. 공자는 이 사회에 도가 행해지지 않고 밝혀지지 않는 이유가, 도道는 잠시도 떠날 수 없는 것인데 사람이 스스로 살피지 않는 데 있음을 음식에 비유하여 한탄한 것이다.

子曰 道[1]之不行也를 我知之矣로라 知者[2]는 過之하고 愚者[3]는 不及也니라

道之不明也를 我知之矣로라 賢者는 過之하고 不肖者[4]는 不及也니라

人莫不飮食也언마는 鮮能知味也니라

道者 天理之當然 中而已矣 知愚賢不肖之過不及 則生禀之異而失其中也 知者知之過 旣以道爲不足行 愚者不及知 又不知所以行 此道之所以常不行也 賢者行之過 旣以道爲不足知 不肖者不及行 又不求所以知 此道之所以常不明也

道不可離 人自不察 是以有過不及之弊

〔자 가라사대 도가 행해지지 않음을 내 아노라. 지知한 자는 지나치고 우愚한 자는 미치지 못하느니라. 도道가 밝지 못함을 내 아노라. 현자는

지나치고 불초한 자는 미치지 못하느니라. 사람이 음식을 먹지 않는 자 없지만 능히 맛을 아는 자는 적으니라.〕

※

1 道(도): 하늘의 이치의 당연한 것으로서 중中이 그것이다.

2 知者(지자): 지혜로운 사람. 지知는 지智와 뜻이 같다.

3 愚者(우자): 지知와 반대의 뜻으로 어리석은 사람이라는 뜻.

4 不肖者(불초자): '어질다'의 반대의 뜻으로 어질지 못한 사람, 못난이의 뜻.

※ 이상은 제4장이다.

上第四章

제5장 도가 행해지지 않다

1. 도가 행해지지 않을 것이다

공자가 말했다.
"앞으로 도가 행해지지 않을 것이다."

◉ 집주에서 말했다.

도道가 밝혀지지 않는 것으로 말미암았다. 그러므로 행해지지 않는 것이다.

제4장에서 도가 행해지지 않고 밝혀지지 못하고 있음을 말하고, 여기서 다시 단정적으로 앞으로도 행해지지 않을 것이라고 말했다. 이 말은 밝혀지지 않기 때문에 행해지지도 않는다는 것을 뜻한 것이다.

子曰 道其不行矣夫인저

由不明 故不行

〔자 가라사대 도道 그 행치 못함인저.〕

※ 이상은 제5장이다. 제5장은 제4장을 이어서 '도가 행해지지 않는 단서를 들어' 제6장의 뜻을 일으키는 문장이다.

上第五章 此章承上章而擧其不行之端 以起下章之意

제6장 양쪽의 의논을 듣는 순임금

1. 천박하고 허튼 말이라도 살피다

공자가 말했다.
"순舜임금은 큰 앎을 가진 분이다. 순임금은 누구에게나 묻는 것을 좋아하고, 천賤하고 허튼 말이라도 살피는 것을 좋아했다. 남의 나쁜 점은 항상 숨기고, 착한 일은 선양宣揚했으며, 모든 일에서 양쪽 의견을 듣고 그 좋은 것만 백성에게 적용했다. 이러한 행동을 함으로써 순임금이 된 것이다."

◉ 집주에서 말했다.

순임금이 대지大知한 사람이 된 이유는 자신의 뜻대로 쓰지 않고 모든 사람에게서 좋은 것을 취하여 썼기 때문이다. 가까이 있는 사람의 말이나 천박한 사람의 말이라도 오히려 반드시 살펴보고 그 좋은 것을 버리는 일이 없음을 알 수 있다. 또 그들의 말이 좋지 않은 말이면 숨기고 드러내지 않았고, 좋은 것이면 전파하여 숨기지 않았다. 순임금의 광대하고 광명한 것이 또한 이와 같았는데 어떤 사람이 즐거워하고 좋은 것을 고하지 않았겠는가?

양단(兩端: 두 끝)은 여러 사람의 의논이 동일하지 않은 것의 극치이다. 대개 모든 사물에는 모두 양단이 있어 마치 크고 작고 두텁고 박한 종류가 있는 것과 같은 것이며, 선善의 가운데에서도 또한 양단을 잡아서 헤아리고 재서 알맞은〔中〕 것을 취한 연후에 사용한다는 것은 그 가리고 살피는 것의 행동이 지극한 것이다. 그러나 내가 권도에 있지 않으면서 자세하고 적절한 것들이 어긋나지 않는다고 하더라도 무엇으로써 이와 함께 하겠는가. 이것은 지혜가 지나치거나 미치지 못하는 것이 없을 것이므로 도가 행해지는 바인 것이다.

천하天下의 군주가 되어 아무에게나 묻기를 좋아하고 천박하고 허튼 말이라도 그냥 흘려보내지 않고 그 말의 뜻을 살피는 일은, 순임금 같은 현명한 군주가 아니면 가능하지 않다. 또 남의 나쁜 점은 감춰주고 좋은 점은 칭찬하여 들춰내는 일은 순임금 같은 현명한 군주만이 가능한 일이다. 모든 일에서 항상 양쪽 의견을 청취하고 그 의견에서 합리적인 사실, 곧 좋은 의견을 취하는 일은 중용中庸을 지키는 순임금만이 가능하다는 것을 재삼 강조했다. 그러나 나 자신의 권도(權度: 저울과 자)가 정밀하고 세밀해서 착오가 있지 않아야만 이러한 데에 참여할 수 있으며, 이러한 것을 아는 데에 과불급過不及이 없어야 도가 행해져 순임금과 같은 성군聖君이 될 수 있는 것을 말한 것이다.

子曰 舜[1]은 其大知也與신저 舜이 好問而好察邇言[2]하사대 隱惡而揚善하시며 執其兩端하사 用其中於民하시니 其斯以[3]爲舜乎신저

舜之所以爲大知者 以其不自用而取諸人也 邇言者 淺近之言 猶必察焉 其無遺善可知 然於其言之未善者則隱而不宣 其善者則播而不匿 其廣大光明 又如此 則人孰不樂告以善哉 兩端 謂衆論不同之極致 蓋凡物皆有兩端 如小大厚薄之類 於善之中又執其兩端 而量度以取中 然後用之 則其擇之審而行之至矣 然非在我之權度精切不差 何以與此 此知之所以無過不及 而道之所以行也

〔자 가라사대 순舜은 큰 지知를 가지신저. 순이 묻기를 좋아하고 이언邇言 살핌을 좋아하되, 악은 숨기고 선은 들춰내어 그 양단을 잡아 그 중中을 백성에게 쓰시니, 이로써 순이 되심인저.〕

※

1 舜(순): 중국의 우虞나라 임금. 중국에서 일컫는 오제五帝의 한 사람으로 요堯임금에게서 제위帝位를 물려받은 성군聖君.

2 邇言(이언): 가까운 말. 사사로운 말. 또는 비슷한 말.

3 斯以(사이): 까닭.

※ 이상은 제6장이다.

上第六章

제7장 자신의 지혜

1. 함정에 빠지지 않는 지혜

공자가 말했다.

"사람마다 모두 자기는 지혜롭다고 한다. 그러나 쫓겨 그물이나 덫이나 깊은 함정에 빠져 들어가면서도 그것을 피할 줄 모른다. 또 사람마다 모두 자기는 지혜롭다고 한다. 하지만 중용中庸을 선택하여 그것을 능히 한 달도 제대로 지켜 내지 못한다."

◉ 집주에서 말했다.

고罟는 망(網: 그물)이다. 확擭은 기함(機檻: 짐승을 잡기 위한 장치가 있는 우리)이다. 함정陷阱은 갱감(坑坎: 구덩이)이다. 모두가 새나 짐승을 가두어 취하는 기물이다. 택호중용擇乎中庸은 모든 이치를 변별辨別하여 구하는 것으로 이른바 중용이라고 한 것은 곧 제6장의 호문好問 용중用中의 일이다. 기월期月은 잡匝이고 1개월이다. 재앙을 알지만 피할 줄을 모르는데 하물며 능히 가리지만 능히 지키지 못하면 모두가 지혜가

되는 것을 얻지 못한다는 것을 말한 것이다.

그물이나 덫이나 함정은 다 새와 짐승을 몰래 취하기 위한 도구들이다. 그런데 사람마다 자신은 지혜롭다고 하면서 그물이나 덫이나 함정을 피할 줄 모른다. 사람들이 스스로 지혜롭다고 하면서도 그물이나 덫이나 함정에 빠지고 중용을 선택하여 한 달도 지키지 못하는 것을 보고, 공자가 세상에 도道가 행해지지 않음을 한탄한 것이다. 중용을 가지고 모든 이치를 분별하는 것은 중용中庸을 구하는 것이다. 이것은 곧 제6장의 '순임금이 묻기를 좋아하고, 중中을 쓴 일'을 말한다.

이 장은 순임금의 대지大知를 설명한 문장으로 인간이 재앙을 미리 알고 대처할 줄 알아야 지혜롭다고 말할 수 있음을 이야기했다. 중용을 가릴 줄은 알지만 지키지 못하면 그것은 진실한 앎이 되지 못한다는 것을 다시 강조했다.

子曰 人皆曰予知로대 驅而納諸罟擭[1]陷阱[2]之中而莫之知辟[3]也하며 人皆曰予知로대 擇乎中庸而不能期月[4]守也니라

罟 網也 擭 機檻也 陷阱 坑坎也 皆所以掩取禽獸者也 擇乎中庸 辨別衆理 以求所謂中庸 卽上章好問用中之事也 期月 匝一月也 言知禍而不知辟 以況能擇而不能守 皆不得爲知也

〔자 가라사대 사람이 다 말하되 내 지知하다 하지만 구驅하여 고罟와 확擭과 함정 가운데 납納해도 피할 줄을 알지 못하며, 사람이 다 말하되 내 지하다 하지만 중용을 택하여 능히 기월期月도 지키지 못하느니라.〕

※

1 罟擭(고확): '고罟'는 그물의 총칭, '확擭'은 산짐승을 잡는 기구.

2 陷阱(함정): 사람이나 짐승이 빠지도록 파 놓은 구덩이.

3 辟(피): '피避'와 같다. '피하다'의 뜻.

4 期月(기월): 만滿 1개월. 곧 한 달.

※ 이 장은 제7장이다. 제6장 '대지大知'의 말을 이어 '불명不明'의 단서를 들어 제8장의 뜻을 일으키고 있다.

上第七章 承上章大知而言 又擧不明之端 以起下章也

제8장 안회와 중용

1. 안회는 선을 잃지 않았다

공자가 말했다.
"안회顔回의 사람됨은, 중용을 택하여 하나의 선善한 것을 얻으면 그것을 잘 받들어 가슴속 깊이 잘 간직함으로써 다시는 그 선을 잃어버리지 않는 사람이다."

◉ 집주에서 말했다.

회回는 공자孔子의 제자인 안연顔淵의 이름이다. 권권拳拳은 받들어 가지는 모양이다. 복服은 착著과 같다. 응膺은 가슴이다. 받들어 가지고 가슴속의 사이에 간직해 능히 지키는 것을 말한 것이다. 안자顔子는 대개 참으로 아는 까닭으로 능히 선택하고 능히 지키는 것이 이와 같은 것이다. 이것은 행동하는데 과불급過不及이 없는 까닭이고 도道가 밝혀지는 까닭이기도 하다.

인간이 중용을 선택하는 일은 매우 어렵다는 것을 표현했다. 자신의 제자인 안회는 중용을 선택하고 또 그 선택한 중용(곧 착한 일)을 받들어 마음속 깊이 간직하여 중용을 떠나지 않았다고 칭찬했다.

3천의 많은 제자 중에서 오직 안회 한 사람만이 능히 중용을 선택하고 지킬 수 있을 뿐, 여타의 제자는 그렇지 못한 상황을 공자가 한탄한 것이리라. 그만큼 중용이란 어려운 것이며, 일상생활 속에 있는 중용이라도 아무나 행할 수 없음을 은연중 강조한 것이기도 하다.

子曰 回[1]之爲人也는 擇乎中庸하여 得一善則拳拳[2]服膺[3]而弗失之矣니라

回 孔子弟子顔淵名 拳拳 奉持之貌 服 猶著也 膺 胸也 奉持而著之心胸之間 言能守也 顔子蓋眞知之 故能擇能守如此 此行之所以無過不及 而道之所以明也

〔자 가라사대 회回의 사람됨은 중용을 택하여 한 선善을 얻으면 권권복응拳拳服膺하여 잃지 아니하느니라.〕

※

1 回(회): 공자의 제자 안연顔淵의 이름. 성은 안顔, 자는 자연子淵이며, 안자顔子라는 존칭으로도 쓰인다. 노魯나라 사람이며 공자보다 30세 아래였으나 32세의 젊은 나이에 죽었다. 공문십철孔門十哲의 한 사람이며 학덕이 가장 뛰어나 공자가 후계자로 믿었는데 요절하자 공자가 통곡했다. 『논어』와 『대학』의 도통연원 참조.

2 拳拳(권권): 받들어 가지다.

3 服膺(복응): 가슴에 안다. 가슴에 깊이 새기다.

※ 이상은 제8장이다.

上第八章

제9장 요순만이 가능한 중용

1. 천하의 국가도 사양할 수가 있다

공자가 말했다.

"천하의 국가도 잘 다스려 평화롭게 할 수 있으며, 고관대작高官大爵의 지위도 가히 사양할 수 있으며, 번쩍번쩍 빛나는 칼날 위도 가히 밟을 수 있다. 그러나 중용은 가히 능하지 못한다."

◉ 집주에서 말했다.

균均은 평치平治이다. 국가, 작록爵祿, 백인白刃의 세 가지는 지知, 인仁, 용勇의 일이며 천하의 지극히 어려운 것들이다. 그러나 모두 한편의 일에 의지하고 가까운 곳에 본바탕 삼아 힘쓰고 능히 노력하는 자는 모두 족히 능할 수 있다. 중용에 이르는 일은 비록 쉽게 능히 그렇게 할 수 있는 것 같지만 의義에 정밀하고 인仁에 익숙하고 털끝만큼의 사사로운 욕심이 없는 자가 아니라면 능히 미치지 못한다. 세 가지는 어려워 보이지만 쉽고, 중용은 쉬운 듯하지만 어려운 것이다. 이것이 백성 가운데 능한 자가 적은 이유이다.

인간이란 천하를 맡아서 잘 다스릴 수도 있고, 벼슬을 사양할 수도 있다. 또한 마음을 다지면 날카로운 칼날도 능히 밟을 수 있다. 그러나 중용을 지키는 일은 지극히 어려운 일이라서, 의에 정밀하고 인仁에 익숙하며 하나의 털끝만한 사욕私慾이 없는 요임금이나 순임금 같은 이가 아니면 가능하지 못하다. 그러므로 천하도 잘 다스릴 수 있고, 작록도 사양할 수 있고, 백인白刃도 밟을 수 있지만 중용을 지키는 일은 능하지 못하다고 공자는 이야기한 것이다.

子曰 天下國家도 可均[1]也며 爵祿[2]도 可辭也며 白刃[3]도 可蹈也로대 中庸은 不可能也니라

均 平治也 三者亦知仁勇之事 天下之至難也 然皆倚於一偏 故資之近而力能勉者 皆足以能之 至於中庸 雖若易 然非義精仁熟 而無一毫人欲之私者 不能及也 三者難而易 中庸易而難 此民之所以鮮能也

〔자 가라사대 천하 국가도 가히 고르게 하며, 작록도 가히 사양하며, 백인白刃도 가히 밟을 수 있으되 중용은 가히 능치 못하느니라.〕

※

1 可均(가균): 잘 다스릴 수 있다. 평치平治할 수 있다.

2 爵祿(작록): 작위와 봉록俸祿

3 白刃(백인): 흰 칼날. 날이 번득이는 칼.

※ 이상은 제9장이다. 또한 제8장의 뜻을 이어 제10장을 일으키는 문장이다.

上第九章 亦承上章以起下章

제10장 남방의 강强, 북방의 강强

1. 강한 것이란 무엇인가

공자의 제자인 자로子路가 '무엇을 굳센 것〔强〕이라고 합니까?' 하고 물었다.

공자가 대답했다.

"남쪽 사람들이 좋아하는 굳센 것인가, 북쪽 사람들이 좋아하는 굳센 것인가, 아니면 자네〔子路: 由〕가 즐겨 쓰는 굳센 것인가?

관대寬大함과 유순柔順한 것으로 가르치고, 상대가 무례하게 행동하더라도 그의 뜻을 받아 주고 보복하지 않는 것은 남쪽 사람들이 좋아하는 굳센 것으로, 군자君子는 그 속에서 생활하는 것이다.

병기兵器인 갑옷이나 투구를 가지고 놀기를 즐기며, 죽음에 이르러도 그것을 싫어하지 않는 것은 북쪽 사람들이 즐기는 굳센 것이다. 이것은 굳센 자가 좋아하는 굳센 것으로, 자네〔由〕 같은 자가 그 속에서 사는 것이다.

그러므로 군자는 화합和合하면서 그 속에 휩쓸려 흐르지 않으니, 굳세고 굳세도다.

중中에 서 있으면서 한쪽으로 기울지 않으니, 군세고 군세도다.
나라에 도道가 있으면 자기의 뜻을 이루지 못할지라도 변하지 않으니, 군세고 군세도다.
나라에 도가 없을 때에는 죽음에 이르더라도 마음을 바꾸지 않으니, 군세고 군세도다."

◉ 집주에서 말했다.

자로子路는 공자의 제자인 중유仲由이다. 자로는 용맹한 것을 좋아했다. 그러므로 강(强: 굳센 것)한 것을 물었다. 억抑은 어사語辭이다. 이而는 여(汝: 너)이다. 관유이교寬柔以敎는 손순(巽順: 부드러움)한 것을 가지고 남의 미치지 못하는 것을 가르치는 것을 이르는 것이다. 불보무도不報無道는 횡역(橫逆: 이치에 어긋난 것)한 행동으로 와도 곧바로 받아 쳐서 보답하지 않는 것을 이르는 것이다.

남방南方은 풍기(風氣: 바람의 기)가 유약柔弱하다. 그러므로 참고 견디는 힘을 사용해 남을 이기는 것을 굳센 것으로 삼는 군자의 도인 것이다.

임衽은 석席이다. 금金은 무기의 종류이다. 혁革은 갑옷이나 투구의 종류이다.

북방北方은 풍기가 굳세고 굳세다. 그러므로 과감果敢한 힘을 사용해 남을 이기는 것을 굳센 것으로 삼는 강자强者의 일인 것이다.

이상의 네 가지, 곧 화이불류和而不流 중립이불의中立而不倚 국유도불변색國有道不變塞 국무도지사불변國無道至死不變은 너(자로)가 마땅히 굳세게 여길 바인 것이다. 교矯는 강모(强貌: 굳센 모양)이다. 『시경』의 반수泮水의 시구에 '교교호신(矯矯虎臣: 씩씩한 호랑이 같은 신하)'이라고 한 것이 이 뜻이다. 의倚는 편착偏著이다. 색塞은 통달하지 못한 것이다. 국가에 도가 있으면 지키는 것에 통달하지 못해도 바꾸지 않는다. 국가에 도가 없으면 평생의 지키는 바를 바꾸지 않는다. 이것이 곧 이른바 중용지불가능자中庸之不可能者이고 스스로 그 사사로운 인욕을 이기는 것이 있지 않고는 능히 선택해서 지키지 못하는 것이다. 군자의 강强이 무엇이 이보다 크겠는가? 부자(夫子: 공자)는 이러한 것으로써 자로에게 고해 자로가 혈기 강성한 것을 억제하고 덕의德義의 용맹으로 나아가게 한 것이다.

자로는 공자의 제자로 용맹스러움을 자랑하는 제자였다. 또 항상 씩씩하고 굳셈을 뽐내기도 했다. 자로는 자신의 용맹스러움을 자랑하고 싶어서 스승인 공자에게 물은 것이다. 당연히 용맹한 자는 자기 자신 이외에 타인이 존재할 수 없을 것으로 여겨 자신을 칭찬해 줄 것으로 여겼는데 스승은 자신의 생각과는 다르게 대답해 말했다.

"굳세고 용맹스러운 것에 여러 가지가 있다. 너는 어떤 굳셈을 묻는 것이냐. 용맹이라면 남쪽 사람들이 즐기는 강强이 있으니, 군자라면 남쪽 사람들이 즐기는 굳센 것을 취하고 있다. 북쪽 사람의 용맹은 병장기나 갑옷 따위의 위험한 물건들을 좋아하여 자신이 죽음에 이르러도 싫어하는 빛이 없는 만용蠻勇으로, 자로가 뽐내는 용맹과 같다."

공자는 용맹을 좋아하고 뽐내는 제자에게, 진실한 용맹이란 자랑하지 않고 뽐내지 않으며 참을 줄 아는 남쪽 사람들의 용기가 중요하다고 강조하여 교육적인 면에서 제자의 불같은 성질을 경계한 것이다.

子路[1] 問强[2]한대

子曰 南方[3]之强與아 北方[4]之强與아 抑而[5]强與아

寬柔[6]以敎오 不報無道[7]는 南方之强也니 君子居之니라

衽金革[8]하여 死而不厭은 北方之强也니 而强者居之니라

故로 君子는 和而不流하나니 强哉矯[9]여 中立而不倚[10]하나니 强哉矯여 國有道에 不變塞[11]焉하나니 强哉矯여 國無道에 至死不變하나니 强哉矯여

子路 孔子弟子仲由也 子路好勇 故問强

抑 語辭 而 汝也

寬柔以敎 謂含容巽順以誨人之不及也 不報無道 謂橫逆之來 直受之而不報也 南方風氣柔弱 故以含忍之力勝人爲强 君子之道也

衽 席也 金 戈兵之屬 革 甲冑之屬 北方風氣剛勁 故以果敢之力勝人爲强 强者之事也

此四者 汝之所當强也 矯 强貌 詩曰 矯矯虎臣 是也 倚 偏著也 塞 未達也 國有道 不變未達之所守 國無道 不變平生之所守也 此則所謂中庸之不可能者 非有以自勝其人欲之私 不能擇而守也 君子之强 孰大於是 夫子以是告子路者 所以抑其氣血之剛 而進之以德義之勇也

〔자로가 강强을 묻자온대 자子 가라사대 남방의 강强이냐, 북방의 강이냐, 너의 강이냐. 관대하며 유화하여 써 가르치고 도 없음을 갚지 아니하는 것은 남방의 강이니 군자가 거하니라. 금金과 혁革에 임衽하여 죽어도 싫어하지 않는 것은 북방의 강이니 강자가 거하니라. 그러므로 군자는 화和하고 흐르지 아니하나니 강하다 교矯함이여. 중中에 서서 의倚치 아니하나니 강하다 교함이여. 나라에 도가 있으면 색塞을 변하지 아니하나니 강하다 교함이여. 나라에 도가 없으면 죽음에 이르러도 변하지 아니하나니 강하다 교함이여.〕

※

1 子路(자로): 공자의 제자이며 성은 중仲, 이름은 유由, 자는 자로子路 또는 계로季路라고도 한다. 공문십철孔門十哲의 한 사람이며 용맹勇猛이 뛰어났다.

2 問强(문강): 어떤 것이 용맹스러운(굳센) 것인가를 묻다.

3 南方(남방): 남쪽. 중국의 남쪽 나라. 기후가 온화하고 인심이 유순하여 인내의 힘으로 남을 이기는 것을 굳셈으로 삼는 지방.

4 北方(북방): 중국의 북방. 기후가 차고 강경하여 과감한 힘으로 남을 이기는 것을 굳셈으로 삼는 지방.

5 抑而(억이): '억抑'은 부사副詞로 '그렇지 않으면'의 뜻. '이而'는 '너'와 같은 뜻으로 '여汝'와 같다.

6 寬柔(관유): 관대하고 유화柔和한 것.

7 不報無道(불보무도): 무례하고 방자하게 해도 보복하지 않는다. 떳떳한 도에 거스르는 행동을 해도 탓하지 않고 참는 것.

8 衽金革(임금혁): '임衽'은 자리 하다, '금金'은 창과 병장기, '혁革'은 갑옷이나 투구 종류. 창과 활, 갑옷이나 투구로 자리를 하다. 곧 그것들과 생활을 같이한다는 뜻.

9 矯(교): 꿋꿋한 모양. 억세고 꿋꿋함. 『시경』 노송의 반수泮水의 시에 있는 '교교호신矯矯虎臣'의 교矯와 같다.

10 倚(의): 한쪽으로 기우는 모양.

11 塞(색): 통달하지 못하다. 막혀 있다.

※ 이상은 제10장이다. 이 장은 용맹한 사례를 들어 설명했다.

上第十章

제2부 자연의 도道

신神의 덕德,
곧 하늘과 땅의 공용功用이며
자연의 조화의 자취인
그 덕 참으로 성대하구나.
사람이 그 모습을 보려고 하지만
그 모습을 볼 수가 없다.
사람이 그 소리를 들으려고 하지만
그 소리를 들을 수가 없다.
그것은 모든 사물의 본체가 되어
버리려고 해도 버릴 수가 없는 것이다.

제11장 성인만이 이루는 도

1. 군자는 도를 찾아 좇는다

공자가 말했다.

"남이 잘 알지 못하는 은벽隱僻의 이치를 구하고, 남과 다른 괴상한 행동을 해 후세 사람들이 칭찬하게 하는데 나는 그런 일을 칭찬하거나 계승하지 않는다.

군자가 도를 찾아 좇아가다가 반쯤 이르러 폐지하는데 나는 그렇게 하지 않고 계속할 따름이다.

군자는 중용中庸에 의지하여 살며, 숨어살면서 남이 알아주지 않더라도 후회하지 않는다. 이 모든 것은 오직 성인聖人만이 가능하다."

◉ 집주에서 말했다.

소素는 『한서』를 상고해 보니 마땅히 '색索'자가 되어야 한다. 아마도 글자가 비슷해서 오자誤字가 된 것 같다. 색은행괴索隱行怪는 남이 꺼리는 은벽隱僻의 이치를 깊이 구하고 그 도가 지나쳐 괴이한 행동을 하는 것을 말한 것이다. 그러나 그것으로 세상을 속이고 명예를 도적질하므로 후세에 혹은 칭찬하고 기술하는 자가 있게 된다. 이것은 앎이 지나친 것이요 선善에서 선택된 것이 아니며 행동이 지나친 것이고, 그 중中을 사용하지 아니한 것이며 마땅히 강强하게 하지 아니할 곳에 강하게 한 것이다. 성인이 어찌 이러한 일을 하겠는가?

도를 따라 행동하는 것은 능히 선을 선택하는 것이요 길을 절반을 가다가 중도에서 폐廢하는 것은 힘이 부족해서이다. 이것은 그 앎이 비록 족히 미치기는 하지만 행동이 미치지 못함이 있는 것이니 마땅히 강하게 해야 할 곳에 강하지 못한 것이다. 이르는 지止의 뜻이다. 성인은 도를 따라 행동하는 일이라면 오직 힘써서 감히 폐하지 아니하니, 대개 지극히 진실하고 휴식하지 않아서 스스로 능히 중지하지 않는 바가 있는 것이다.

숨어 있는 것을 찾거나 괴상한 행동을 하지 않고 중용에 의지할 따름이며 학문의 길을 가다가 중도에 폐지하지 않는 것이다. 이로써 세상을 피해 살면서 남이 알아주지 않더라도 후회하는 일이 없다. 이러한 이는 중용의 성덕成德이나 지知의 극진함이나 인仁의 지극한 것이 용勇에 의지하지 않아도 넉넉한 자이다. 정히 우리 공부자孔夫子의 일이면서도 오히려 스스로 거처하지 않았다. 그러므로 이르기를 '오직 성인만이 능히 할 수 있다.'고 말했다.

남이 꺼리는 은밀한 이치를 탐구하고, 괴상한 행동으로 세상의 이목을 끄는 일들은 정상적인 사회, 곧 성인이 정치를 실현하는 사회에서는 존재 가치를 잃게 마련이다. 공자는 그런 것들을 기록하지 않겠다고 했다. 또 군자는 도를 좇다가 보통은 중간쯤의 경지에 이르러서는 다 이르렀다며 중지하지만 공자는 그것을 계속한다고 했다.

그 이유는 평생 동안 도는 몸에서 떠나서는 안 되기 때문이다.

군자라면 죽을 때까지 중용을 선택해야 하며, 중용을 선택함으로써 세상에 자신이 알려지지 않더라도 후회하거나 원망하지 않는 자가 참 군자라 했으며, 이런 경지에 이르는 일은 아무나 가능한 것이 아니라 오직 성인만이 가능하다고 했다.

인간이 자신을 수양하고 가정을 이루고 국가를 다스리고 천하를 평정하여 태평성세를 구가하는 일이, 보통의 인간으로서 가능하겠는가. 평생을 도에 살며 중용에 의지하는 특별한 사람만이 이러한 일을 이룰 수 있다는 것을 공자는 재천명再闡明한 것이다.

子曰 素隱[1]行怪[2]를 後世에 有述[3]焉하나니 吾弗爲之矣로라

君子 遵道而行하다가 半途而廢하나니 吾弗能已矣로라

君子는 依乎中庸하여 遯世[4]不見知[5]而不悔하나니 唯聖者아 能之니라

素 按漢書當作索 蓋字之誤也 索隱行怪 言深求隱僻之理 而過爲詭異之行也 然以其足以欺世而盜名 故後世或有稱述之者 此知之過而不擇乎善 行之過而不用其中 不當强而强者也 聖人豈爲之哉

遵道而行 則能擇乎善矣 半塗而廢 則力之不足也 此其知雖足以及之 而行有不逮 當强而不强者也 已 止也 聖人於此 非勉焉而不敢廢 蓋至誠無息 自有所不能止也

不爲索隱行怪 則依乎中庸而已 不能半塗而廢 是以遯世不見知而不悔也 此中庸之成德 知之盡 仁之至 不賴勇而裕如者 正吾夫子之事 而猶不自居也 故曰唯聖者能之而已

〔자 가라사대 은隱을 색하며 괴怪를 행함을 후세에 술述함이 있나니 내

하지 아니하노라. 군자는 도를 좇아 행하다가 도중에서 폐하나니 내 능히 말지 못하노라. 군자는 중용에 의지하고 세상을 둔遯하여 알음을 보지 못해도 뉘우치지 아니하나니 오직 성자聖者만이 능하니라.〕

※

1 素隱(소은): '색은索隱'의 오기誤記이며 글자가 비슷한 것으로 보아 잘못 기록한 것 같다고 했다. 전한 예문지前漢藝文志에도 '색은행괴索隱行怪'로 기록되어 있다. '색은'은 떳떳한 도리에 벗어난 은밀한 지적知的 탐구 같은 것을 뜻한다. 은벽隱僻한 일 등.

2 行怪(행괴): 괴상한 행동을 하여 공명을 세워 후세에 이름을 기록하게 하는 것이며 곧 괴상 망측怪常罔測한 행동이다.

3 有述(유술): 후세 사람들에게 칭찬받다. 그것을 칭찬하고 계승하다.

4 遯世(둔세): 세상을 피해 살다. 여기서는 일부러 산 속에 숨어사는 것이 아니라 자신을 자랑하지 않고 백성과 섞여 산다는 뜻.

5 不見知(불견지): 당시 사람들이 자신을 알아주지 않는 것.

※ 이상은 제11장이다. 자사子思가 공자의 말을 인용하여 수장(首章: 첫머리)의 뜻을 다시 밝혀 이곳에서 중지시킨 것이다.

대개 이 편의 큰 뜻은 지인용知仁勇의 세 가지 달덕達德이며, 이것은 입도入道의 문이다. 그러므로 편篇의 첫머리에는 곧 대순大舜, 안연顔淵, 자로子路의 일로써 밝혔다. 순은 지知요, 안연은 인仁이요, 자로는 용勇이다. 이 세 가지 중 하나라도 폐하면 도를 이루고 덕을 성취하는 일을 할 수 없는 것이다. 그 밖의 뜻은 제20장에 나타나 있다.

上第十一章 子思所引夫子之言 以明首章之義者止此 蓋此篇大旨 以知仁勇三達德爲入道之門 故於篇首 卽以大舜 顔淵 子路之事明之 舜 知也 顔淵 仁也 子路 勇也 三者廢其一 則無以造道而成德矣 餘見第二十章

제12장 부부의 도

1. 부부도 도를 함께 할 수 있다

군자의 도道는 쓰임이 광대하면서 그 몸체는 은미隱微한 것이다. 평범한 부부 사이에서도 간단한 도는 함께 알 수 있다. 그러나 그 지극한 도에 이르면 비록 성인聖人이라도 다 헤아리지 못하는 것이다. 평범한 부부의 어리석음으로도 일상생활의 간단한 도는 능히 행할 수 있다. 그러나 그 지극한 행동에 이르러서는 비록 성인이라도 또한 능히 다 행하지 못한다.

하늘과 땅의 넓고 거대한 것에도 인간의 욕심에는 만족스럽지 못한 바가 있다. 그러므로 군자가 큰 것을 말하면 천하도 능히 그것을 다 용납할 수 없으며, 작은 것을 말하면 너무나 미세하여 천하도 능히 그것을 부술 수가 없는 것이다.

◉ 집주에서 말했다.

비費는 쓰임이 광대한 것이다. 은隱은 체(體: 몸체)가 미묘한 것이다.

군자의 도는 가까이는 부부간의 집안일에서부터 시작하여 멀리는 성인이 하늘과 땅의 다하지 못하는 곳까지 이르는 것이다. 그 큰 것은 밖이 없고 그 작은 것은 안이 없어서 가히 비費라고 이른다.

그러나 그 이치의 그러한 바는 숨겨져 있어서 나타나지 않는 것이다.

대개 '가히 알고 가히 능한 것'은 도道 가운데 한 가지 일이다. 그 지극함에 이르러서는 성인도 알지 못하고 능하지 못하다고 한 것은 전체를 들어서 말한 것이며, 성인도 진실로 다하지 못하는 것이 있다.

후씨侯氏가 이르기를 '성인도 알지 못한다는 것은 공자께서 노자에게 예를 묻고 관직을 물은 것과 같은 종류이고, 능하지 못한 것은 공자께서 제왕의 지위를 얻지 못하고 요임금과 순임금이 널리 베풀려고 근심한 것 같은 종류이다.'라고 했다.

우(愚: 주희)는 '사람들이 하늘과 땅에게도 서운함을 느낀다.'고 한 것은 두루 덮어 주고 실어 주고 태어나게 하고 성장시키는 일과 추위와 더위와 재앙과 상서로움이 그 바름을 얻지 못한 상태를 이른 것이라고 생각한다.

군자의 도는 일상생활에서부터 시작한다. 부부간의 일상적인 생활에도 하나의 도가 있는 것이다. 사소한 것부터 시작하여 광대한 범위에 이르면 성인이라고 다 알 수 있겠는가. 오직 그 큰 것은 밖이 없고 작은 것은 안이 없어 하늘과 땅도 다하지 못하는 바가 있는 것으로, 군자의 행동도 이와 마찬가지인 것이다.

평범한 부부간의 행동 하나도 군자가 행하는 도의 일부분이지만 그 행동의 지극함에 이르면 오직 성인도 다 행할 수가 없는 것이며 이것은 공자가 '노자에게 예를 묻고 관제官制에 관한 것을 물은 일'과 같으며,

공자 같은 성인도 지위를 얻지 못한 일을 이른다고 했다.

하늘도 다 행하지 못하는 것이 있다는 것은 자연의 조화가 깨지면 폭풍·한발旱魃·지진 같은 예측 불가능한 천재지변의 현상이 일어나며, 또 선량한 백성이 재앙을 받는 기현상이 일어나는 것을 말한 것이리라.

중용의 도는 그 큰 것을 말하면 천하에서도 다 실을 수 없을 만큼 광대한 것이고, 작은 것을 논하면 천하에서 이보다 더 작게 쪼갤 수 없는 작고 미묘한 것이라고 설명하고 있는 것은 표현의 지극함이라고 할 것이다.

君子之道는 費[1]而隱[2]이니라

夫婦[3]之愚로도 可以與知焉이로대 及其至也하여는 雖聖人이라도 亦有所不知焉하며 夫婦之不肖로도 可以能行焉이로대 及其至也하여는 雖聖人이라도 亦有所不能焉하며 天地之大也에도 人猶有所憾[4]니 故로 君子語大댄 天下莫能載焉이오 語小인댄 天下莫能破焉이니라

費 用之廣也 隱 軆之微也

君子之道 近自夫婦居室之間 遠而至於聖人天地之所不能盡 其大無外 其小無內 可謂費矣 然其理之所以然 則隱而莫之見也 蓋可知可能者 道中之一事 及其至而聖人不知不能 則擧全體而言 聖人固有所不能盡也 侯氏曰 聖人所不知 如孔子問禮問官之類 所不能 如孔子不得位 堯舜病博施之類 愚謂人所憾於天地 如覆載生成之偏 及寒暑災祥之不得其正者

〔군자의 도는 비費하고 은미하니라. 부부의 어리석음으로도 가히 더불어 알 수 있지만 그 지극함에 미쳐서는 비록 성인이라도 또한 알지 못하는 바가 있으며, 부부의 불초不肖로도 가히 능히 행하지만 그 지극함에 미쳐서는 비록 성인이라도 또한 능치 못하는 것이 있으며, 천지가 크지만 사람이

오히려 감(憾: 섭섭함)하는 바가 있나니, 고로 군자가 큰 것을 말하면 천하에서 능히 싣지 못하고, 작은 것을 말하면 천하에서 능히 파破치 못하느니라.〕

※

1 費(비): 쓰임의 너비. 광대하다는 뜻.

2 隱(은): 몸체〔體〕의 미묘함. 곧 그 본체는 극히 미세하다는 뜻.

3 夫婦(부부): 평범한 남녀. 곧 필부필부匹夫匹婦를 말한다.

4 所憾(소감): 만족스럽지 못함. 서운한 바가 있음. 불만스러움.

2. 도는 부부에서도 시작된다

『시경』 대아大雅 한록旱麓편에 말했다.
'솔개는 하늘에 이르고
물고기는 연못에서 활개 치네.'
이것은 위와 아래에 도가 나타난 것을 말한 것이다.
군자의 도는 발단이 부부 사이에서 시작되지만 그 지극한 곳에 이르면 하늘과 땅에까지도 나타나는 것이다.

◉ 집주에서 말했다.

시詩는 대아大雅 한록旱麓편의 시이다. 연鳶은 치鴟의 종류이다. 여戾는 지至이다. 찰察은 저著이다.

자사가 『시경』 대아 한록편을 인용하여 '천지의 만물이 변화 육성되어 흘러 행하고, 위와 아래에 밝게 나타나는 현상은 이러한 이치를 사용하지 않음이 없는 것으로 이러한 것을 이른바 비費라고 한다. 그러나 그렇게 되는 이치는 보고 듣는 것이 미치는 것이 아니니 이러한 것을 일러 은隱이라고 한다는 것을 밝힌 것이다.'라고 했다.

그러므로 정자(程子: 程頤)가 말하기를 '이 『시경』의 한 구절을 인용해 자사가 긴요하게 되새겨 사람이 거처하는 데 있어 활기가 넘치는 바가 되게 한 것이니 이곳을 읽는 독자들은 각별히 생각을 가져야 한다.'라고 했다.

『시경』을 인용하여 자연계에 있는 사물의 활동을 예로 들어 도가 일상생활에서부터 현묘玄妙한 하늘과 땅에까지 꽉 차 있음을 설명하고 있다. 도는 필부필부匹夫匹婦인 부부간의 생활에서부터 시작되기 때문에 누구나 알고 실천할 수 있지만 그것이 궁극에 이르면 하늘과 땅에도 가득 차서 나타나게 되는, 곧 무한대無限大 속에 가득 차 있다는 것도 밝혀 놓았다. 군자의 도는 그만큼 광대하고 은미하다는 것을 다시 강조한 것이다.

詩[1]云 鳶飛[2]戾天[3]이어늘 魚躍于淵이라하니 言其上下察[4]也니라

君子之道는 造端乎夫婦니 及其至也하여는 察乎天地니라

詩大雅旱麓之篇 鳶 鴟類 戾 至也 察 著也 子思引此詩以明化育流行上下昭著 莫非此理之用 所謂費也 然其所以然者 則非見聞所及 所謂隱也 故程子曰 此一節 子思喫緊爲人處 活潑潑地 讀者其致思焉

結上文

〔시詩에 이르되 솔개 날아 하늘에 여戾하거늘 물고기는 연못에서 뛰놀다 하니, 그 상하에 나타남을 이르니라. 군자의 도는 단端이 부부에 조造하니,

그 지극함에 미쳐서는 천지에 나타나느니라.〕

※

1 詩(시): 『시경』 대아大雅 한록旱麓편에 있는 시. 주周나라 문왕文王의 높은 덕을 찬양한 내용이다.

2 鳶飛(연비): 연鳶은 솔개. '솔개가 날다'의 뜻.

3 戾天(여천): 여戾는 '이르다'의 뜻. 하늘에 이르다.

4 察(찰): 나타나다. 드러나다.

※ 이상은 제12장이다. 자사의 말이며 대개는 제1장의 '도불가리道不可離'의 뜻을 다시 밝힌 것이다. 이하 제13장에서 제20장까지는 공자의 말을 섞어 인용하여 자사의 뜻을 밝힌 것이다.

上第十二章 子思之言 蓋以申明首章道不可離之意也 其下八章 雜引孔子之言以明之

제13장 도의 본질

1. 도는 인간과 가까운 곳에 있다

공자가 말했다.

"도는 사람에게서 멀리 있지 않은 것이다. 사람이 도를 행行하면서 사람을 멀리하려고 한다면 그것은 도라고 할 수 없는 것이다."

『시경』 빈풍豳風 벌가伐柯편에 말했다.

'도끼자루를 베고, 도끼자루를 베네.

그 방법이 먼 곳에 있지 않네.'

도끼자루를 잡고 도끼자루 만들 재목을 베면서 곁눈질하고 다시 보면서 오히려 그 방법이 멀다고 한다.

그러므로 군자는 사람의 도로써 사람을 다스리는데 모든 것이 고쳐지면 그만두는 것이다.

자신의 마음을 다하는 것과 자신의 마음을 미루어 남에게 미치는 것〔忠恕〕은 도道로 가는 길이 멀지 않은 것이다. 자신의 마음에 베풀어서 좋지 않은 것이면 또한 남에게도 베풀지 말아야 한다.

◉ 집주에서 말했다.

도道는 성性을 거느릴 뿐이며 진실로 모든 사람이 능히 알고 능히 행하는 바이다. 그러므로 항상 사람과 멀리하지 않는 것이다. 만약 도를 하는 자가 그 통속적인 것을 싫어하고 족히 할 것이 되지 못한다고 생각하고 도리어 높고 멀며 행하기 어려운 일을 힘써 한다면 곧 도를 하는 바는 아닌 것이다.

시詩는 『시경』 빈풍豳風 벌가伐柯편의 시구이다. 가柯는 부병(斧柄: 도끼자루)이다. 칙則은 법法이다. 예睨는 흘겨보는 것이다. 사람이 도끼자루를 잡고 나무를 베어 도끼자루를 만들려고 하면 저 도끼자루의 길고 짧은 것의 법칙은 자신이 가지고 있는 도끼자루에 있을 뿐이다. 그러나 오히려 저것과 이것의 구별을 둔다. 그러므로 도끼자루를 베는 사람은 그가 벤 나무만을 살펴보고 오히려 먼 것이라고 여기는 것이다. 만약 사람으로써 사람을 다스린다면 사람의 도가 되는 바는 각각이 당인(當人: 본인)의 몸에 있을 뿐 처음부터 피차의 구별은 없는 것이다. 그러므로 군자의 사람을 다스리는 것은 곧 그 사람의 도로써 도리어 그 사람의 몸을 다스리고 그 사람이 능히 고치면 곧 중지하고 다스리지 않는다. 대개는 그의 능히 아는 바와 능히 행하는 바로써 꾸짖고 그 사람에게 멀리한 것을 가지고 도로써 삼고자 하지 않는 것이다.

장횡거張橫渠가 이른바 모든 사람이 남에게 바라는 바는 곧 따르기가 쉽다고 한 것이 이런 뜻이다.

자신의 마음을 다하는 것은 충忠이 되고 자신을 미루어 남에게 이르는 것은 서恕가 된다. 위違는 거去이다. 『춘추』의 전傳에 '제사위곡칠리齊師違穀七里'의 위違와 같은 것이며 이로부터 저곳에 이르러 서로의 거리가 멀지 않은 것이며 어그러지지 않고 가는 것을 이른 것이며, 도가 곧 사람에게 멀지 않다는 것이 이 뜻이다. '시제기이불원施諸己而不願 역물시어인亦勿施於人'은 충서忠恕의 일이다.

자신의 마음으로써 남의 마음을 헤아려 일찍이 동일하지 않은 것이 아니라고 여긴다면 곧 도는 사람에게 멀지 않다는 것을 가히 볼 수가 있다. 그러므로 자신이 하고자 하지 않는 바를 남에게 베풀지 않는 것, 또한 사람에게서 멀다고 여기지 않는 것이며, 도를 위하는 일로 삼은 것이다. 장횡거가 말하기를 '자신을 사랑하는 마음으로 남을 사랑한다면 인仁을 다한 것이다.'라고 한 것이 이것이다.

도는 항상 사람과 함께 하는 것이다. 사람이 도를 행하면서 사람을 멀리하면 도가 될 수 없다고 공자는 말했다. 모든 도는 사람과 너무 가까이 있기 때문에 도라는 것을 인식하지 못하는지도 모른다. 그것은 『시경』을 인용한 것처럼 도끼자루를 만들 재목을 벨 때는 자신이 직접 도끼자루를 잡고 사용한다. 그런데 그 도끼자루의 모형을 자신이 가지고 사용하는 도끼자루에서 구하지 않고 별도로 곁눈질하고 바라보면서 다른 곳에서 찾는 어리석음을 범하는 것과 같다고 설명하고 있다. 또 충忠과 서恕는 도道로 가는 길이 멀지 않다고 했다. 이곳의 충서는 『대학』 제10장의 혈구지도絜矩之道와 상통하는 것이다. 자신의 마음으로 남의 마음을 헤아리고 자신이 하고자 아니하는 것으로 남에게 베풀지 않는 것 역시 충서의 길인 것이다.

子曰 道[1]不遠人하니 人之爲道而遠人이면 不可以爲道니라

詩[2]云 伐柯[3]伐柯여 其則[4]不遠이라하니 執柯以伐柯하대 睨而視之하고 猶以

爲遠하나니 故로 君子는 以人治人하다가 改而止니라

忠恕[5]違道[6]不遠하니 施諸己而不願을 亦勿施於人이니라

道者 率性而已 固衆人之所能知能行者也 故常不遠於人 若爲道者 厭其卑近以爲不足爲 而反務爲高遠難行之事 則非所以爲道矣

詩豳風伐柯之篇 柯 斧柄 則 法也 睨 邪視也 言人執柯伐木以爲柯者 彼柯長短之法 在此柯耳 然猶有彼此之別 故伐者視之猶以爲遠也 若以人治人 則所以爲人之道 各在當人之身 初無彼此之別 故君子之治人也 卽以其人之道 還治其人之身 其人能改 卽止不治 蓋責之以其所能知能行 非欲其遠人以爲道也 張子所謂 以衆人望人則易從 是也

盡己之心爲忠 推己及人爲恕 違 去也 如春秋傳 齊師違穀七里之違 言自此至彼相去不遠 非背而去之之謂也 道卽其不遠人者是也 施諸己而不願亦勿施於人 忠恕之事也 以己之心度人之心 未嘗不同 則道之不遠於人者可見 故己之所不欲 則勿以施於人 亦不遠人以爲道之事 張子所謂 以愛己之心愛人則盡仁 是也

〔자 가라사대 도道는 사람에게 멀지 아니하니 사람이 도를 하되 사람을 멀리하면 가히 써 도라 하지 못하느니라. 시詩에 이르되 가柯를 베는 것이여, 가를 베는 것이여. 그 법칙이 멀지 않다네. 가柯를 잡아 써 가를 베되 흘겨보고 오히려 멀리 여기나니, 고로 군자는 사람으로써 사람을 다스리다가 고치면 그치느니라. 충忠과 서恕는 도에서 떠남이 멀지 아니하니 나에게 베풀어 원치 아니함을 또한 사람에게 베풀지 말지니라.〕

※

1 道(도): 하늘이 부여한 성性을 거느리는 것. 모든 사람이 능히 알고 능히 행해야 할 것.

2 詩(시): 『시경』 빈풍豳風 벌가伐柯편의 구절. 결혼하는 것이 어렵지 않음을 노래했다.

3 柯(가): 도끼의 자루.

4 其則(기칙): 그 법칙. '칙'은 법칙의 뜻.

5 忠恕(충서): '충忠'은 자신의 마음을 다하는 것. '서恕'는 자신의 마음을 미루어 남에게 미치는 것.

6 違道(위도): '위違'는 가다의 뜻. 도道로 가는 것.

2. 도는 공자도 부족하다고 하다

군자의 도는 네 가지가 있는데, 그 가운데 구(丘: 나, 공자 자신)는 하나도 능한 것이 없다.

자식에게 잘하라고 요구하는 마음이 있으면서 그런 마음으로 아버지를 섬기는 일은 능하지 못하다.

신하에게 충성하라고 요구하는 마음이 있으면서 그런 마음으로 지도자(군주)를 섬기는 일은 능하지 못하다.

아우에게 존경하라고 요구하는 마음이 있으면서 그런 마음으로 형을 섬기는 일은 능하지 못하다.

벗들에게 잘하라고 요구하는 마음이 있으면서 그런 마음으로 내가 먼저 벗에게 베푸는 일은 능하지 못하다.

평범한 덕을 행하고 평범한 말이라도 삼가며 마음에 만족하지 못한 것이 있으면 더욱더 힘쓰지 않으면 안 될 것이다. 이러한 뒤에도 여유가 있으면 더더욱 힘써서 말한 것은 반드시 행동을 돌아보게 하고, 행동한 것은 반드시 말을 돌아보게 해야 한다. 군자가 어찌 독실하게 힘쓰지 아니하랴.

◉ 집주에서 말했다.

구求는 책(責: 요구하다)과 같다. 도불원인道不遠人은, 무릇 자신이 남을 꾸짖는 바는 모두 도道의 당연한 바이다. 그러므로 도리어 자신을 꾸짖고 스스로를 닦는 것이다. 용庸은 평상平常이다. 행行은 그 진실을 이행하는 것이다. 근謹은 그의 가한 것을 가리는 것이다. 덕이 부족한데도 힘쓰게 되면 행동하는데 더욱 힘쓰게 된다. 언어에 여유로움이 있어도 참게 되면 삼가는 것이 더욱 지극해진다. 삼가는 것이 더욱 지극해지면 언어는 행동을 되돌아보게 된다. 행하는 것에 힘쓰면 행동은 말을 되돌아보게 된다. 조조慥慥는 독실한 모양이며 군자의 언행은 이와 같이 할 것을 말한 것이다. 어찌 독실하게 하지 않겠는가? 찬미贊美하는 말이다. 무릇 이 모두가 다 '불원인이위도지사不遠人以爲道之事'이다. 장횡거가 이른바 '남을 꾸짖는 마음으로 자신을 꾸짖는 것은 도를 다하는 것이다.'라고 한 것이 이 뜻이다.

공자가 겸손한 말로 군자의 네 가지 도를 들어 도는 결코 사람에게서 멀리 있지 않다는 것을 재차 강조한 것이다. 부모를 섬기는 일은 효도하는 것이요, 임금을 섬기는 일은 충성하는 것이요, 어른을 공경하는 일은 공손한 것이요, 벗을 사귀는 일은 믿음과 의리인 것이다. 이러한 것을 남에게 요구하는 마음으로 타인에게 베푸는 마음이 곧 충서忠恕의 마음인 것이다. 충서의 마음은 도와 함께 있는 것이라고 강조하고 또 도가 나의 생활 주변에 산재散在한다는 것도 일깨워 주고 있다.

君子之道 四에 丘未能一焉이로니 所求[1]乎子로 以事父를 未能也하며 所求

乎臣으로 以事君을 未能也하며 所求乎弟로 以事兄을 未能也하며 所求乎朋友로 先施之를 未能也로니 庸德[2]之行하며 庸言之謹하여 有所不足이어든 不敢不勉하며 有餘이어든 不敢盡하여 言顧行하며 行顧言이니 君子 胡不慥慥[3]爾리오

求 猶責也 道不遠人 凡己之所以責人者 皆道之所當然也 故反之以自責而自脩焉 庸 平常也 行者 踐其實 謹者 擇其可 德不足而勉 則行益力 言有餘而訒 則謹益至 謹之至則言顧行矣 行之力則行顧言矣 慥慥 篤實貌 言君子之言行如此 豈不慥慥乎 贊美之也 凡此皆不遠人以爲道之事 張子所謂 以責人之心責己則盡道 是也

〔군자의 도 네 가지에 구丘 하나도 능치 못하나니, 아들에게 구하는 바로써 아버지 섬김을 능치 못하며, 신하에게 구하는 바로써 임금 섬김을 능치 못하며, 동생에게 구하는 바로써 형 섬김을 능치 못하며, 붕우에게 구하는 바로써 먼저 베풀기를 능치 못하나니, 용庸한 덕을 행하며 용한 언言을 근謹하여 부족한 바 있으면 감히 힘쓰지 아니치 못하며, 남음이 있으면 감히 다하지 아니하여 말이 행실을 돌아보며 행실이 말을 돌아볼 것이니, 군자 어찌 조조慥慥치 아니하리오.〕

※

1 求(구): 요구하다의 뜻.

2 庸德(용덕): 일상적인 평범한 덕. 곧 떳떳한 덕.

3 慥慥(조조): 독실하게 실행함. 곧 독실한 모양.

※ 이상은 제13장이다. 도가 사람에게서 멀지 않다는 것은 평범한 부부라도 능하기 때문이다. 공자가 하나도 능하지 못하다고 한 것은, 이것은 성인이 능하지 못한 바는 모두 비(費: 사용의 광대함)이며 그렇게 되는 바는 지극히 은미한 것이 존재하기 때문이다. 다음 장도 이 장과 비슷하다.

上第十三章 道不遠人者 夫婦所能 丘未能一者 聖人所不能 皆費也 而其所以然者 則至隱存焉 下章放此

제14장 군자의 행동거지

1. 군자는 처지에 따라 행동한다

군자는 자신의 처지處地에 따라서 분수에 맞게 행할 뿐이고, 처지 밖의 것은 바라지 않는 것이다.
부자가 되고 귀한 사람이 되면 부자만큼의 행위와 귀한 만큼의 행동을 한다. 가난하고 천한 사람이 되면 가난하고 천한 만큼의 행동을 한다. 오랑캐 나라에 살게 되면 오랑캐 나라에 맞는 행동을 한다. 우환憂患과 어려움에 처하게 되면 우환과 어려운 상황에 맞는 행동을 한다. 군자는 어느 곳에 처하게 되든지 그곳에 들어가 스스로 얻지 못하는 것이 없는 것이다. 높은 자리에 있으면 아랫사람을 업신여기지 않고, 아랫자리에 있으면 윗사람에게 매달리지 않는다. 몸을 바르게 하고 남에게 책임을 떠넘기지 않으며 남을 원망하는 일이 없다. 위로는 하늘을 원망하지 않고 아래로는 사람을 탓하지도 않는다.
그러므로 군자는 평범한 곳에 살면서 하늘의 명을 기다리고, 소인小人은 위험한 일을 행하여 요행을 바라는 것이다.

◉ 집주에서 말했다.

소素는 현재見在와 같다. 군자는 자못 현재 처하는 지위에 따라 그 지위의 마땅히 할 바를 할 뿐이고 그 지위 외의 것을 바라는 바가 없다는 것을 말한 것이다.

〔둘째 문장은〕 그의 지위에 처하면서 행동하는 것을 말한 것이다.

〔셋째 문장은〕 그의 지위 외의 일을 원하지 않는 것을 말한 것이다.

이易는 평지平地이며 거이居易는 지위에 처해 행동하는 것이다. 사명俟命은 지위 외의 것을 원하지 않는 것이다. 요徼는 구求이다. 행幸은 마땅히 얻지 못하는 것을 얻으려는 것을 이른 것이다.

중용의 도란 곧 자기의 분수를 지키는 것이다. 군자가 분수를 지키는 일은 곧 중용의 도와 가까이 있는 것이며, 군자가 분수를 잊을 때는 중용의 도에서 떠난 것이다. 어느 사회나 자기 분수를 지키는 사회가 이뤄진다면 그 사회는 건전한 사회요, 작으나마 중용의 도가 있다는 증거證據이다. 군자는 곧 학자이면서 지도자이다. 지도자가 자기의 분수를 망각하고 경솔하게 행동한다면 그 피해는 그 자신뿐 아니라 주위의 여러 곳에 미치게 마련이다. 윗사람이 아랫사람을 능멸하고 아랫사람이 윗사람에게 매달리는 일도 각자가 자기 분수를 지킨다면 자연히 없어질 것이다. 그러므로 '군자는 위로는 하늘을 원망하지 않고 아래로는 사람을 탓하지 않는다.'라고 했다. 자신의 직분을 열심히 지키는데 남을 원망할 일이 있겠는가. 이것은 공자가 말한 '진인사대천명盡人事待天命'과도 상통하는 말이다.

君子는 素[1]其位而行이요 不願乎其外[2]니라

素富貴하여는 行乎富貴하며 素貧賤하여는 行乎貧賤하며 素夷狄[3]하여는 行乎夷狄하며 素患難하여는 行乎患難이니 君子는 無入而不自得焉이니라

在上位하여 不陵下하며 在下位하여 不援上이오 正己而不求於人이면 則無怨이니 上不怨天하며 下不尤人이니라

故로 君子는 居易[4]以俟命[5]하고 小人은 行險以徼幸[6]이니라

素 猶見在也 言君子但因見在所居之位而爲其所當爲 無慕乎其外之心也 此言素其位而行也 此言不願乎其外也

易 平地也 居易 素位而行也 俟命 不願乎外也 徼 求也 幸 謂所不當得而得者

〔군자는 그 위位에 소素하여 행하고 그 외에는 원하지 아니하느니라. 부귀에 소素하여는 부귀를 행하며, 빈천에 소하여는 빈천을 행하며, 이적夷狄에 소하여는 이적을 행하며, 환난에 소하여는 환난을 행하나니, 군자 들어가는 곳마다 스스로 득得하지 아니할 곳이 없느니라. 윗자리에 있어 아래를 능陵하지 아니하며, 아랫자리에 있어 위를 원援치 아니하고, 몸을 정正히 하고 사람에게 구하지 아니하면 원망이 없으니, 위로 하늘을 원망하지 아니하며 아래로 사람을 원망하지 아니하느니라. 그러므로 군자는 쉬운 곳에 거居하여 명을 기다리고, 소인은 험한 것을 행하여 요행을 구하느니라.〕

※

1 素(소): '현재'와 같다. 곧 현재 자신이 처한 위치.

2 其外(기외): 자신이 처한 위치를 벗어난 것.

3 夷狄(이적): 오랑캐들. 곧 미개인들.

4 居易(거이): '이易'는 평평한 곳. 평범한 곳에 살다.

5 俟命(사명): 하늘의 명령을 기다린다.

6 僥幸(요행): 요행僥倖을 구하는 것.

2. 사(射: 활쏘기)는 자신에게서 과실을 찾는다

공자가 말했다.
"활을 쏘는 일은 군자의 행동과 같은 점이 있다.
과녁을 맞히지 못하면 그 과실過失을 돌이켜 자기 자신에게서 찾는 것이다."

◉ 집주에서 말했다.

화포(畫布: 과녁)를 정正이라고 하고, 서피棲皮를 곡鵠이라고 한다. 모두 후(侯: 射布)의 중中이고 사(射: 활)의 적(的: 과녁)이다. 자사는 공자의 말을 인용해서 자신의 제14장의 뜻을 맺은 것이다.

활을 쏘는 사람은 정신을 집중하여 힘껏 시위를 당긴다. 그런데 화살이 빗나가 과녁에 맞지 않으면 남을 원망하지 않고 자신의 실수에서 온 것으로 인식하고 다시 더 정성을 들인다. 이것은 군자가 최선을 다하여 중용을 지키지만 잘못이 있으면 그 원인을 다시 자신에게서 구하는 것과 같다는 것을 결론지은 말이다.

子曰 射 有似乎君子하니 失諸正鵠이면 反求諸其身이니라

畫布曰正 棲皮曰鵠 皆侯之中 射之的也 子思引此孔子之言 以結上文之意

〔자 가라사대 사射는 군자 같음이 있나니, 정正과 곡鵠에 실失하면 돌이켜

그 몸에서 구하느니라.〕

※ 이상은 제14장이며 자사의 말이다. 모든 첫머리에 '자왈子曰'이라는 글자가 없는 것은 모두 이를 본받는다.

上第十四章 子思之言也 凡章首無 子曰 字者放此

제15장 자신의 주변에 있는 도

1. 도는 낮은 곳에서부터 시작한다

군자의 도는 비유컨대, 멀리 가려면 반드시 가까운 곳에서 시작해야 하는 것과 같으며, 높은 곳을 오르려면 반드시 낮은 곳에서 시작해야 하는 것과 같은 것이다.

『시경詩經』 소아小雅 상체常棣편에

'처자妻子들의 화합이
비파와 거문고의 화음과 같으며
형과 아우가 이에 화목하여
화합하고 즐거워하며 또 즐거워하네.
너의 집안을 잘 다스리며
너의 처자를 즐겁게 하라.'

라고 한 시의 내용을 보고, 공자가 말했다.

"그의 부모는 참으로 편안하겠구나."

◉ 집주에서 말했다.

비辟는 비譬와 동일하다. 시는 『시경』 소아小雅 상체常棣편의 시구이다. 고슬금鼓瑟琴은 화和이다. 흡翕은 또한 합合이다. 탐耽은 또한 낙樂이다. 노帑는 자손子孫이다. 부자(夫子: 공자)는 이 시를 암송하고 칭찬해서 이르기를 사람이 능히 처자식이 화합하고 형제들이 화목하게 한 것이 이와 같다면 그의 부모는 안락한 것이라고 했다. 자사는 시와 공자의 이 시를 평한 말을 인용해 '행원자이行遠自邇 등고자비登高自卑'의 뜻을 밝힌 것이다.

군자의 도가 가까운 곳에 있다는 것은 자신의 주위에 항상 군자의 도가 존재한다는 것을 밝혀 주고 있다. 먼 곳을 가려면 가까운 곳에서 시작하고, 높은 곳을 오르려면 낮은 곳에서 시작한다는 말은, 도 또한 자신의 주위에 있다는 뜻이다. 자사는 『시경』의 한 편을 인용하여 군자의 도가 필부필부匹夫匹婦에서 발단된다는 제12장의 뜻을 이었다.

또 이러한 화목한 집안의 부모들이 어찌 편안하지 않겠는가라는 공자의 찬양하는 말을 들어, 가정 화락의 극치로 이 장의 결론을 내리고 있다.

君子之道는 辟[1]如行遠必自邇하며 辟登高必自卑니라

詩[2]曰 妻子好合이 如鼓瑟琴[3]하며 兄弟旣翕[4]하여 和樂且耽[5]이라 宜爾室家하며 樂爾妻帑[6]라하여늘

子曰 父母는 其順矣乎신저

辟 譬同

詩小雅常棣之篇 鼓瑟琴 和也 翕 亦合也 耽 亦樂也 帑 子孫也 夫子誦此詩而贊之曰 人能和於妻子 宜於兄弟如此 則父母其安樂之矣 子思引詩及此語 以明行遠自邇 登高自卑之意

〔군자의 도는 비유컨대 먼 곳을 가려면 반드시 가까운 곳에서부터 함 같으며, 비유컨대 높은 곳을 오르려면 반드시 낮은 곳에서부터 함 같으니라. 시에 가로되 처자가 좋아하고 합함이 금琴과 슬瑟을 치는 것 같으며, 형제 이미 흡翕하여 화락하고 또 즐거운지라. 너의 가실家室을 의宜케 하고 너의 처노妻帑를 낙樂케 하라 하여늘 자 가라사대 부모는 그 순順하신저.〕

※

1 辟(비): 비유하다. '피할 피, 편벽될 벽, 임금 벽' 등으로 쓰이나 이 문장에서는 '비유할 비'로 쓰인다.

2 詩(시): 『시경』 소아小雅 상체常棣편에 있는 글.

3 瑟琴(슬금): 비파와 거문고. 비파와 거문고의 화음이 매우 듣기에 좋다고 한다. 그래서 흔히 부부 사이가 좋은 것을 '금슬이 좋다.'고 표현한다.

4 旣翕(기흡): 이미 합하다. 곧 뜻이 서로 통하여 합하다.

5 且耽(차탐): 또한 즐겁다는 뜻.

6 帑(노): '노孥'와 같은 뜻으로 자손을 말한다.

※ 이상은 제15장이다.

上第十五章

제16장 신의 덕

1. 귀신은 보려고 해도 볼 수 없다

공자가 말했다.

"귀신鬼神을 덕으로 삼는 것이여, 〔곧 하늘과 땅의 공용功用이며 자연 조화造化의 자취인 그 덕은〕 크고 훌륭하구나.

사람이 그 모습을 보려고 하지만 그 모습을 볼 수가 없으며, 사람이 그 소리를 들으려고 하지만 그 소리를 들을 수가 없다. 그것은 만물의 본체가 되어 버리려 해도 버릴 수가 없는 것이다.

천하 사람들로 하여금 목욕재계하여 마음을 깨끗이 하고 성대한 예복을 입고 제사를 받들게 하는데, 넓고 넓은 모습으로 높은 자리에 있는 듯하며, 또 그의 좌우左右에 있는 듯이 하는구나."

◉ 집주에서 말했다.

정자程子는 '귀신鬼神은 천지의 공용功用이고 조화의 자취이다.'라고 했다. 장자(張子: 張載. 호는 橫渠)는 '귀신은 음陰과 양陽의 두 기의 양능(良

能: 천생의 재능)이다.'라고 했다. 우(愚: 朱熹)는 음과 양의 두 기氣로써 말한다면 귀鬼는 음의 영靈이고, 신神은 양의 영靈이라고 여긴다. 하나의 기氣로써 말한다면 이르러서 펴는 것은 신神이 되고, 돌아왔다 되돌아가는 것은 귀鬼라고 하며 그의 진실은 하나의 사물일 뿐이다. 위덕爲德은 성정공효性情功効를 말하는 것과 같다.

귀신은 형체도 없고 소리도 없다. 그러나 물物의 종시終始는 음양이 합산合散하는 바가 아닌 것이 없다. 이것은 사물의 체體가 되어 사물에서 능히 버리지 못하는 바이다. 그것을 체물體物이라고 말한 것은 『주역』에서 이른바 간사(幹事: 일을 주재함)와 같은 것이다.

제齊라고 말한 것은 재齋이다. 가지런하지 않은 것을 가지런하게 하는 방법을 사용해 가지런하게 정돈하는 데 이르는 것이다. 명明은 결潔과 같다. 양양洋洋은 유동流動하고 충만한 뜻이 능히 사람으로 하여금 두려워하고 공경하며 이어 받들어 발현시키는 것을 밝게 나타낸 것이다. 이와 같아 그 물物에 체體해서 가히 버리지 못한다는 것을 징험시킨 것이다. 공자가 『예기』의 제통祭統편에 이르기를 '기氣라는 것은 하늘 위로 떠올라 밝은 존재가 되고 강한 향기를 내뿜어 사람의 마음을 슬프게 하는 것이다. 이것은 온갖 사물의 정精이며 신령의 신기한 작용이 나타나는 것이다.'라고 한 것이 바로 이러한 것을 이른다.

귀신이란 종교에서 말하는 신神이 아니다. 이 장에서 말하는 귀신은 천지 자연이 이루는 조화의 공용功用으로, 음의 기운과 양의 기운을 나타낸 것이다. 이 조화의 신은 형체도 없고 소리도 없지만 만물의 근본이 되어 있기 때문에 버릴 수도 없다. 그것은 만물이 곧 자연 조화의 실체이기 때문이다. 자연의 이치는 하늘에서 해와 달과 별들을 운행시키고 계절의 변화를 가져오며, 비·바람·눈·서리·이슬을 내려 만물의 생사生死를 좌우한다.

또 땅에서는 사람과 새와 짐승과 초목과 물고기와 곤충들을 실어 키워서, 자라게도 하고 죽게도 해 새로운 만물의 모습을 만들어 낸다. 이것을 귀신의 조화인 자연계의 형상形象이라 부르는 것이다. 그러므로 이 문장에서의 귀신은 종교적인 신의 존재와는 서로 다른 것이다.

子曰 鬼神[1]之爲德이 其盛矣乎인저

視之而弗見하며 聽之而弗聞이로대 體物而不可遺니라

使天下之人으로 齊明盛服[2]하여 以承祭祀하고 洋洋[3]乎如在其上하며 如在其左右니라

程子曰 鬼神 天地之功用 而造化之迹也 張子曰 鬼神者 二氣之良能也 愚謂以二氣言 則鬼者陰之靈也 神者陽之靈也 以一氣言 則至而伸者爲神 反而歸者爲鬼 其實一物而已 爲德 猶言性情功効

鬼神無形與聲 然物之終始 莫非陰陽合散之所爲 是其爲物之體 而物之所不能遺也 其言體物 猶易所謂幹事

齊之爲言齊也 所以齊不齊而致其齊也 明 猶潔也 洋洋 流動充滿之意 能使人畏敬奉承 而發見昭著如此 乃其體物而不可遺之驗也 孔子曰 其氣發揚于上 爲昭明焄蒿悽愴 此百物之精也 神之著也 正謂此爾

〔자 가라사대 귀신의 덕德됨이 그 성盛한저. 시視하려 하여도 보지 못하며 청聽하려 하여도 듣지 못하되 물物에 체體하여 가히 유遺치 못하느니라. 천하 사람으로 하여금 제齊하며 명明하며 복服을 성盛히 하여 써 제사를 승承하게 하고, 양양洋洋히 그 상上에 있는 듯하며 그 좌우에 있는 듯하느니라.〕

※

1 鬼神(귀신): 정자(程子: 程頤)는 "'하늘과 땅의 공용功用이요, 조화造化의 자취이다."라고 했다. 장자(張子: 張載)는 "음과 양의 양능良能이다."라고 했으며, 주자(朱子: 朱熹)는 "이기二氣로 말하면 귀鬼는 음陰의 신령한 것이요, 신神은 양陽의 신령한 것이다. 일기一氣로 말하면 이르러 퍼지는 것(모든 사물이 태어나 자라는 것: 활동 상태)은 신神이요, 반대로 돌아가는 것(메말라 시들어 버린 것: 靜寂 상태)은 귀鬼라고 하는데 그 실상은 하나의 사물일 뿐이다."라고 했다. 곧 귀신이란 형체도 없고 소리도 없는 천지 자연의 조화의 묘妙를 이른다. 신神은 살아 있는 인간의 영靈이요, 귀鬼는 죽으면 흩어지는 정신의 정적靜寂한 상태로 이를 통칭하여 귀신이라고 부르는 것이 옳은 것 같다.

2 齊明盛服(제명성복): '제齊'는 '재齋'와 같은 뜻. 정성을 다하여 목욕재계하고 마음을 깨끗이 하다의 뜻. '성복'은 예복을 성대하게 차려 입는다는 뜻.

3 洋洋(양양): 넓고 넓은 모양과 의기가 충천하는 모양.

2. 진실은 은폐할 수 없다

『시경』 대아大雅 억抑편에 말했다.

'신령이 내려오신 것을
헤아릴 수 없거늘
하물며 꺼려할 수 있겠느냐.'

대저 초감각적인 것이 나타나는 것이다. 진실을 은폐할 수 없음이 이와 같은 것이다.

◉ 집주에서 말했다.

시詩는 『시경』 대아 억抑편의 시구이다. 격格은 내來이다. 신矧은 황況이다. 역射은 염(厭: 싫어하다)이다. 싫어하고 꺼려하며 공경하지 않는다는 것을 말한 것이다. 사思는 어사語辭이다.

성誠은 진실하고 망령됨이 없는 것을 이른다. 음양이 합하고 흩어지는 것은 진실하지 않은 것이 없다. 그러므로 그 발현發見하는 것을 가히 가릴 수가 없는 것이 이와 같은 것이다.

인간이 지성至誠을 드리면 신이 이른다는 말이 있다. 그 신이란 마음의 신이다. 인간의 마음은 허령虛靈하다. 그 허령한 상태의 마음을 가지고 모든 사물을 꿰뚫을 수 있는 것도 인간이다. 마음의 정성을 다하면 신이라는, 볼 수도 들을 수도 없는 미세한 것도 나타나는데 하물며 인간의 진실이 어떻게 은폐될 수 있겠는가.

공자의 현실을 중시한 사상에서, 사회의 진실을 은폐하려는 당시의 실상에 대한 하나의 일침이라고도 볼 수 있는 것이리라.

『논어』에 보면 자로子路가 공자에게 귀신을 섬기는 일을 물었다. 공자는 "살아 있는 사람도 제대로 섬기지 못하면서 어떻게 귀신을 섬길 수 있겠느냐."라고 말한 부분이 있다. 이것은 공자가 현실의 삶을 얼마나 중시했는가를 말해 주고 있는 것이다.

詩[1]曰 神之格思[2]를 不可度思어늘 矧可射[3]思아

夫微之顯이니 誠[4]之不可揜이 如此夫인저

詩大雅抑之篇 格 來也 矧 況也 射 厭也 言厭怠而不敬也 思 語辭

誠者 眞實無妄之謂 陰陽合散 無非實者 故其發見之不可揜如此

〔시에 가로되 신의 격格함을 가히 탁度치 못하거늘 하물며 가히 싫어하랴. 무릇 미微한 것이 나타나니 성誠의 가히 엄揜치 못하는 것이 이와 같은저.〕

⁂

1 詩(시): 『시경』 대아大雅 억抑편에 있는 문장.

2 格思(격사): 강림하다. 내려오다. '격格'은 오다. '사思'는 어조사.

3 射(역): '싫어하다'의 뜻. 본 글자는 '쏠 사射'이나 여기서는 '싫다'의 뜻이며 '역'으로 발음한다.

4 誠(성): 진실하고 망령됨이 없는 것. 곧 진실.

※ 이상은 제16장이다. 보이지도 않고 들리지도 않는 것은 은隱이다. 물物에 체體하고 있는 듯 하는 것은 곧 비費이다. 이 앞의 제13장, 제14장, 제15장은 그 비費의 작은 것으로써 말했다. 이 뒤의 제17장, 제18장, 제19장은 그 비費의 큰 것으로써 말했다. 이 제16장은 비은費隱을 겸하고 대소大小를 포괄해서 말한 것이다.

上第十六章 不見不聞 隱也 體物如在 則亦費矣 此前三章 以其費之小者而言 此後三章 以其費之大者而言 此一章 兼費隱 包大小而言

제17장 순임금의 대덕

1. 대덕은 대명大命을 받는다

공자가 말했다.

"순임금은 하늘이 낸 큰 효자이셨다.

덕으로는 전지전능한 성인聖人이시고, 존귀한 것으로는 온 천하의 황제(皇帝: 天子)이시고, 부富로서는 사해四海 내 전체를 차지하시어 종묘宗廟에서 흠향하고 자손을 보존하셨느니라.

큰 덕은 반드시 그 지위를 얻으며, 반드시 그 봉록俸祿을 얻으며, 반드시 그 명성을 얻으며, 반드시 그 수명을 다하는 것이다.

그러므로 하늘이 만물을 생성시킬 때는 반드시 그 재질에 따라서 두터이 해 나가는 것이다. 이에 심은 것은 더 잘 북돋우고, 쓰러져 가는 것은 이를 더 엎어 무너뜨리는 것이다.

『시경』 대아大雅 가락假樂편에서 말했다.

'즐거우신 군자의

환히 밝고 밝으며 아름다운 덕이여,

그 백성에게 알맞고 그 사람에게 알맞도다.

녹祿을 하늘에서 받으셨으니
보호하고 도우라고 명하시고
하늘이 거듭하시는도다.'
그러므로 큰 덕을 가진 자는 반드시 하늘로부터 대명大命을 받는 것이다."

◉ 집주에서 말했다.

자손子孫은 우사虞思와 진호공陳胡公의 무리를 이른다.

순임금은 110세까지 살았다.

재材는 질質이다. 독篤은 후厚이다. 재栽는 식植이다. 기氣가 이르러 불어나는 것을 배培라고 한다. 분氛이 돌아와 유산游散되는 것을 복覆이라고 한다.

시는 『시경』 대아大雅 가락假樂편의 시이다. 가假는 마땅히 이곳에 의하면 '가嘉'자가 되어야 한다. 헌憲은 마땅히 시詩에 의하면 '현顯'자가 되어야 한다. 신申은 중重이다.

수명受命은 천명을 받아 천자가 되는 것이다.

순임금의 효도를 말하면서 큰 덕을 가진 결과를 설명했다. 부모에게 효도하는 일은 덕의 근본이다. 큰 덕을 가진 자라야 백성의 삶을 편안하게 보장하고 하늘의 명을 받아 자손도 보존할 수 있다는 것을 순임금의 효도를 사례로 들어 설명하고 있다. 효도는 모든 인간 생활의 근본 문제이다. 부모에게 효도하는 자는 덕이 충만하여 타인에게도 잘할 수 있으며, 덕이 충만하면 하늘에서도 복을 내린다는 말이다. 하늘의 도가 떳떳할 때에는 반드시 심은 것(세상에 필요한 것)은 더욱더 북돋아 주고 키워 주며, 쓰러져 가는 것(세상에 필요 없는 것)은 아예 쓰러지도록 하는 것이 하늘의 순리順理라는 것도 제시하고 있다. 곧 그 덕이 있으면 그에 상응한 응보應報가 있어 하늘의 명령을 받아 백성의 삶을 편안히 할 수 있는 '천도무친天道無親, 유덕시수唯德是授'라는 것을 설명하고 있는 것이다.

子曰 舜은 其大孝也與신저 德爲聖人이시고 尊爲天子이시고 富有四海[1]之內하사 宗廟[2]饗之하시며 子孫保之하시니라

故로 大德은 必得其位하며 必得其祿하며 必得其名하며 必得其壽니라

故로 天之生物이 必因其材而篤焉하나니 故로 栽者를 培之하고 傾者를 覆之니라

詩[3]曰 嘉樂君子의 憲憲[4]令德이 宜民宜人이라 受祿于天이어늘 保佑命之하시고 自天申[5]之라하니라

故로 大德者는 必受命[6]이니라

子孫 謂虞思 陳胡公之屬

舜年百有十歲

材 質也 篤 厚也 栽 植也 氣至而滋息爲培 氛反而游散則覆

詩大雅假樂之篇 假 當依此作嘉 憲 當依詩作顯 申 重也

受命者 受天命爲天子也

〔자 가라사대 순은 그 큰 효이신저. 덕은 성인이 되시고, 존尊은 천자가 되시고, 부富는 사해四海의 내內를 두시어 종묘에서 향饗하시며, 자손을 보保하시니라. 고로 큰 덕은 반드시 그 위位를 득하며, 반드시 그 녹을 득하며, 반드시 그 명성을 득하며, 반드시 그 수壽를 득하니라. 고로

하늘의 물을 생生함이 반드시 그 재질에 인하여 독篤하나니, 고로 재栽한 자를 북돋우고 쓰러지는 자를 복覆하느니라. 시에 가로되 가락嘉樂한 군자의 헌憲하며 헌한 영덕令德이 백성에 의宜하며 인人에 의한지라. 녹을 하늘에서 받았거늘 보保하며 우佑하여 명하시고 하늘로부터 신申타 하니라. 고로 큰 덕은 반드시 명命을 받느니라.〕

※

1 四海(사해): 사방의 바다. 사면이 바다로 둘러싸여 있다. 온 천하를 말한다.

2 宗廟(종묘): 임금의 조상의 혼령을 모신 사당祠堂. 『예기禮記』에는 천자에서 사士에 이르기까지 모두 종묘가 있다고 했으나 진시황秦始皇 이후부터 임금 이외에는 종묘를 둘 수가 없었다. 전하여 나라를 뜻하는 말이 되었다.

3 詩(시): 『시경』 대아大雅 가락假樂편에 있는 문장.

4 憲憲(헌헌): 현현顯顯의 잘못인 것이라고 했다. 『시경』의 가락편에는 '현현顯顯'으로 되어 있다.

5 申(신): 거듭하다.

6 受命(수명): 하늘의 명령을 받아 천자가 되는 것을 뜻한다.

※ 이상은 제17장이다. 이 장은 '용행지상(庸行之常: 떳떳한 도는 항상 한다)'으로 말미암아 미루어 그 지극함을 다하는 것에 이른다 함은 도道의 쓰임이 넓은 것이고, 그것이 그렇게 되는 바는 체體가 미묘함이 되는 것을 나타낸 것이다. 제18장, 제19장이 이 장과 같은 뜻이다.

上第十七章 此由庸行之常 推之以極其至 見道之用廣也 而其所以然者 則爲體微矣 後二章亦此意

제18장 왕업을 계승한 문왕

1. 왕계王季는 작作하고 무왕은 술述하다

공자가 말했다.

"아무런 근심이 없는 분은 오직 주周나라의 문왕文王이시다. 왕계王季라는 분이 아버지가 되시고 무왕武王이 그의 아들이시다.

아버지는 왕업王業의 기초를 일으켰고 아들은 그 왕업을 계승했다.

무왕이 태왕(太王: 무왕의 증조부)과 왕계와 문왕의 유업遺業을 계승하고, 단 한 번 군사를 일으켜 천하를 차지했지만 몸은 만천하에 드러난 이름을 잃지 않으시어 존귀한 것으로는 천자〔皇帝〕가 되시고, 부富로서는 온 천하를 가지셔 종묘에서 흠향하고 모든 자손을 보전하셨다.

무왕은 늙어서 하늘의 명을 받으셨다. 주공(周公: 무왕의 동생)이 문왕과 무왕의 덕을 이루어 태왕太王과 왕계에게 왕의 호칭을 추증追贈하고, 위의 조상들을 천자의 예로써 제사를 모셨다.

이 예법은 제후諸侯와 대부大夫와 사士와 서인(庶人: 일반 백성)에게까지 모두 통용되었다.

만약 아버지가 대부大夫이고 아들이 사士이면 장례는 대부의 예로써 치르고 제사는 사士의 예로써 하며, 아버지가 사士가 되고 아들이 대부가 되면 장례는 사士의 예로써 하고 제사는 대부의 예로써 한다. 1년의 상喪은 대부까지만 통용되고, 3년의 상은 서민에서부터 천자에게까지 통용되었다. 아버지와 어머니의 상喪은 신분이 귀하거나 천한 구별이 없이 모두가 똑같기 때문이다."

◉ 집주에서 말했다.

이것은 문왕(文王: 周)의 일을 말한 것이다. 『서경』에 '왕계王季 기근왕가(其勤王家: 왕가의 일을 부지런히 하다)'라고 한 것은 대개 일으킨 바가 또한 공功을 쌓고 인仁을 누적시킨 일을 말한 것이다.

다음 단락은 무왕의 일을 말한 것이다. 찬纘은 계繼이다. 태왕太王은 왕계王季의 아버지이다. 『서경』에 '태왕太王 조기왕적(肇基王迹: 왕업의 기틀을 이룩하다)'이라고 했고, 『시경』 노송魯頌 비궁閟宮의 시에는 '지우태왕至于太王 실시전상(實始翦商: 처음부터 상나라를 치려 했네)'이라고 했다. 서緖는 업業이다. 융의戎衣는 갑옷과 투구의 종류이다. 일융의壹戎衣는 무武로 문文을 성취한 것으로 한 번 갑옷을 입고 주紂를 정벌한 것을 말한 것이다.

셋째 단락은 주공周公의 일을 말한 것이다. 말末은 노老와 같다. 추왕追王은 대개 문왕과 무왕의 뜻을 미루어 왕적王迹이 일어나는 바에 이른 것이다. 선공先公은 조감(組紺: 公叔祖類이며 태왕의 아버지)의 이상에서 후직后稷에 이르는 것이다. 위로 선공先公을 제사 지내는데 천자의 예로써 하고 또 태왕과 왕계의 뜻을 미루어 끝이 없는 선조까지 이른 것이다. 예법을 만들어 제정하여 천하에 이르게 하고 장례에는 죽은 자의 작위를

사용하게 하고 제사에는 살아 있는 자의 녹봉을 사용하게 하고, 상복은 1년 이하는 제후에서 단절시키고 대부는 강하시켜, 부모의 상은 위와 아래가 동일하게 해 자신을 미루어 남에게 이르게 했다.

아버지는 업業을 일으키고 아들은 그 업적을 계승한 문왕의 사실을 구체적으로 나열했다. 곧 무왕이 한 번의 싸움으로 천하를 차지하고, 아들인 주공이 만천하에 통용되는 예법을 만들어 왕실의 토대를 굳힘으로써 문왕의 공적이 후세에까지 통용되고 있는 것을 말해 주고 있다. 유가儒家에서는 도통道統의 연원淵源을 요堯·순舜·우禹·탕湯·문文·무武·주공周公·공자孔子로 일컫고 있는데, 주공은 황제의 위치에는 오르지 못했으나 그에 버금하는 예악禮樂을 제정하여 후세의 표본이 되도록 체계를 세웠기 때문이다. 몇 천 년을 주공이 제정한 예법을 기준으로 삼고 있다.

『예기』에 '장례는 죽은 자의 지위를 따르고 제사는 살아 있는 자식의 지위에 따른다.'고 했다. 또 1년 이하의 가벼운 상(喪: 伯父·仲父·季父의 상)은 일반 백성부터 대부(大夫: 지금의 국장급 이하)까지만 적용되고 국가를 통치하는 천자(황제)나 제후는 입지 않는다. 오직 3년 상, 곧 아버지와 어머니의 상은 일반 백성에서부터 천자에 이르기까지 신분의 차별이 없이 다 입도록 되어 있다. 아버지와 어머니의 상을 3년으로 정한 까닭은 인간이 태어나면 누구나 3년 동안은 부모의 품에서 벗어나지 못하기 때문에 그렇게 정한 것이라 했다.

子曰 無憂者는 其惟文王乎신저 以王季[1]爲父하시고 以武王[2]爲子하시니 父作之어시늘 子述之하시니라

武王이 纘太王[3]王季文王之緖하사 壹戎衣[4]而有天下하사대 身不失天下之顯名[5]하사 尊爲天子시고 富有四海之內하사 宗廟饗之하시며 子孫保之하시니라

武王 末[6]受命이어시늘 周公[7]이 成文武之德하사 追王[8]太王王季하시고 上祀先公以天子之禮하시니 斯禮也 達乎諸侯大夫及士庶人하니 父爲大夫오 子爲士어든 葬以大夫오 祭以士하며 父爲士오 子爲大夫어든 葬以士오 祭以大夫하며 期之喪[9]은 達乎大夫하고 三年之喪은 達乎天子하니 父母之喪은 無貴賤一也니라

此言文王之事 書言 王季其勤王家 盖其所作 亦積功累仁之事也

此言武王之事 纘 繼也 大王 王季之父也 書云 大王肇基王迹 詩云 至于大王實始翦商 緖 業也 戎衣 甲冑之屬 壹戎衣 武成文 言壹著戎衣以伐紂也

此言周公之事 末 猶老也 追王 盖推文武之意 以及乎王迹之所起也 先公 組紺以上至后稷也 上祀先公以天子之禮 又推大王 王季之意 以及於無窮也 制爲禮法 以及天下 使葬用死者之爵 祭用生者之祿 喪服自期以下 諸侯絶 大夫降 而父母之喪 上下同之 推己以及人也

〔자 가라사대 근심이 없는 자는 오직 문왕이신저. 왕계로써 부를 삼으시고 무왕으로써 아들을 삼으시니 부 작作하시거늘 아들이 술述하시니라. 무왕이 태왕, 왕계, 문왕의 서緖를 이어서 한 번 융의戎衣하사 천하를 두시되 천하의 현顯한 이름을 잃지 아니 하사 존尊하기는 천자 되시고, 부富하기는 사해의 내內를 두어 종묘에서 향饗하시고, 자손을 보하시니라. 무왕이 말末에 명을 받으시거늘 주공周公이 문무文武의 덕을 일으켜 태왕과 왕계를 왕으로 추증하시고, 위로 선공先公을 천자의 예로써 제사하시니 이 예는 제후와 대부 및 사士와 서인庶人에게 달達하니, 부父 대부大夫되고 자子 사士되거든 장葬은 대부로써 하고 제祭는 사士로써 하며, 부父 사士되

고 자子 대부되거든 장은 사로써 하고 제는 대부로써 하며, 기년期年의 상喪은 대부에 달하고, 3년의 상은 천자에 달하니 부모의 상은 귀천이 없이 한 가지니라.〕

※

1 王季(왕계): 문왕의 아버지. 주周 태왕太王의 셋째아들로 이름은 계력季歷.

2 武王(무왕): 문왕의 아들. 이름은 발發. 문왕의 뒤를 이어 주周의 제후가 되었으며 주紂의 은殷나라를 정벌해 멸망시키고 새로운 주周왕조를 건설했다.

3 太王(태왕): 고공단보古公亶父를 말하며, 문왕의 할아버지.

4 壹戎衣(일융의): 한 번 갑옷과 투구를 쓰다. 곧 한 번 군사를 일으키다.

5 顯名(현명): 이름이 드러나다. 천하에 이름이 널리 알려지다.

6 末(말): 늙어서. '노老'의 뜻.

7 周公(주공): 이름은 단旦. 무왕의 아우로 무왕이 죽자 나이 어린 조카 성왕成王을 도와 정사政事를 맡아 했으며, 주나라의 예악禮樂을 제정했다.

8 追王(추왕): 죽은 선왕先王의 업적을 추적하여 그 공적에 따라 문文과 무武로 분류하여 존칭을 부여하는 것.

9 期之喪(기지상): 조부모祖父母, 백·숙·계부모伯叔季父母, 형제兄弟 등의 상에는 1년 복을 입음.

※ 이상은 제18장이다.

上第十八章

제19장 성인의 효도

1. 무왕과 주공은 효자였다

공자가 말했다.

“주周나라를 창업한 무왕武王이나 기틀을 다진 주공周公은 효도에 통달한 분들이시다.

효도라는 것은 돌아가신 어른들의 뜻을 잘 계승하는 것이며, 돌아가신 어른들의 사업을 계승해 잘 발전시켜 나가는 것이다.

봄과 가을에는 조상들의 사당을 잘 수리하고, 사당의 기물들을 잘 진열하여 정돈하고, 조상의 의복과 제복祭服들을 잘 베풀어 놓으며, 제철에 난 음식과 과실을 정성껏 바치는 일이 효도이니라.”

◉ 집주에서 말했다.

달達은 통通이다. 제18장을 이어 무왕과 주공의 효도를 말했다. 이에 천하의 사람이 통해서 효孝라고 이르며 맹자孟子가 말한 달존達尊과 같은 것이다.

제18장에서는 무왕이 태왕·왕계·문왕의 단서를 계승해서 천하를 두고 주공이 문왕과 무왕의 덕을 성취해 그의 선조先祖를 추숭追崇한 것을 말했다. 이곳에서는 계지繼志 술사述事의 거대한 것을 말했다. 아래의 문장에서는 또 제사의 예를 제정한 것이 위와 아래로 통하는 것을 말했다.

조묘祖廟는 천자는 7묘七廟, 제후는 5묘五廟, 대부는 3묘三廟, 적사適士는 2묘二廟, 관사官師는 1묘一廟이다. 종기宗器는 선대先代에 소장한 중기重器이며 주周의 적도赤刀, 대훈大訓, 천구天球, 하도河圖와 같은 종류이다. 상의裳衣는 선조가 남긴 의복이며 제사 때 진열하고 시尸에게 주는 것이다. 시식時食은 네 계절의 음식이며 각각이 그 계절의 음식이 있는데 마치 봄에는 양〔羔〕, 돼지, 기름지고 향기 나는 것의 종류와 같은 것이 이것이다.

부모의 뜻을 존중하고, 돌아가신 뒤에는 부모의 좋은 사업을 잘 계승하여 발전시키는 일이 큰 효도라 했다. 또 돌아가신 어른들의 사당을 잘 관리하고 제철에 난 음식과 새로운 과실을 정성껏 올리는 일도 효도의 하나라고 한 말은 어른을 공경하는 마음을 발로發露케 하는 것으로 우리의 생활과 직결되기도 한다. 지금의 유가儒家에서 행하는 제사 의식은 이러한 효심을 발로시키는 데 그 목적이 있다. 돌아가신 부모는 그 아들에게는 최고로 높은 분으로, 돌아가신 부모를 공경하는 모습을 자식들에게 보여 줌으로써 존경의 의식을 고취시키는 일이다. 이것은 옛 선왕先王들의 효도를 예로 들어 어떠한 것이 참다운 효도인가를 설명해 주는 공자孔子의 교훈이라 하겠다.

子曰 武王周公은 其達孝矣乎신저

夫孝者는 善繼人之志하며 善述人之事者也니라

春秋에 修其祖廟[1]하며 陳其宗器[2]하며 設其裳衣[3]하며 薦其時食[4]이니라

達 通也 承上章而言武王 周公之孝 乃天下之人通謂之孝 猶孟子之言達尊也

上章言武王纘大王 王季 文王之緒以有天下 而周公成文武之德以追崇其先祖 此繼志述事之大者也 下文又以其所制祭祀之禮 通于上下者言之

祖廟 天子七 諸侯五 大夫三 適士二 官師一 宗器 先世所藏之重器 若周之赤刀 大訓 天球 河圖之屬也 裳衣 先祖之遺衣服 祭則設之以授尸也 時食 四時之食 各有其物 如春行羔豚膳膏香之類是也

〔자 가라사대 무왕과 주공은 그 달達한 효이신저. 무릇 효한 자는 사람의 뜻을 선善히 계繼하며, 사람의 일을 선히 술述함이니라. 춘추春秋에 그 조묘祖廟를 닦으며, 그 종기宗器를 진열하며, 그 상의裳衣를 설設하며, 그 시식時食을 천薦하느니라.〕

※

1 祖廟(조묘): 『예기』 왕제王制편에 천자의 조묘는 7이요, 제후의 조묘는 5요, 대부의 조묘는 3이요, 적사適士의 조묘는 2요, 관사官師의 조묘는 1이라 했다. 천자의 7묘廟는 3소昭 3목穆에 태조묘太祖廟를 합한 것이고, 제후는 2소 2목에 태조묘를 합하여 5묘, 대부는 1소 1목에 태조묘를 합하여 3묘, 적사는 고묘考廟 왕고묘王考廟로 2묘, 관사는 제후의 신하로 고묘考廟 하나뿐이다.

2 宗器(종기): 선인先人들이 귀중히 간직했던 기물器物.

3 裳衣(상의): 선인들이 남긴 옷. 제사 때에는 이 옷을 시동尸童에게 입혀 신주神主로 삼았다.

4 時食(시식): 봄·여름·가을·겨울의 제철에 나는 과일이나 음식을 말한다. 봄의 제사에는 양과 돼지와 기름지고 향기 나는 제수를 써서 지내는 것과 같이 철마다 새로운 음식을 올리는 것이다.

2. 소昭와 목穆은 종묘의 차례이다

나라의 사직을 모신 종묘의 예절은 왼쪽에 배치하는 소昭와 오른쪽에 배치하는 목穆의 차례를 세우기 위한 것이다.
벼슬의 서열序列을 배열하는 것은 귀하고 천한 신분을 구별하기 위한 것이다.
일의 차례를 세우는 것은 현명함을 구분하기 위한 것이다.
제사祭祀가 끝난 뒤에 아랫사람이 윗사람에게 술을 권할 수 있게 하는 것은 신분이 낮은 사람이라도 윗사람을 배알할 수 있는 기회가 있도록 한 것이다.
제사가 끝난 뒤에 다른 성씨姓氏의 사람들이 물러가고 집안끼리(같은 성씨끼리) 잔치를 가지며 연장年長의 서열에 따르는 것은 어른과 아이의 순서를 바르게 알리기 위한 것이다.

◉ 집주에서 말했다.

종묘의 차례는 좌左는 소昭가 되고, 우右는 목穆이 되며 자손들은 또한 차례로 삼는다. 태묘太廟에 일이 있으면 자성子姓의 형제들이 모든 소昭와 모든 목穆이 되어 모두 있어 그의 차례를 잃지 않는 것이다. 작爵은 공公, 후侯, 경卿, 대부大夫이다. 사事는 종축宗祝이나 유사有事의 직분의 일이다. 여旅는 중衆이다. 수酬는 도음導飮이다. 여수旅酬의 예는 빈賓, 제자弟子, 형제의 아들이 각각 그의 어른에게 잔을 들어 올리면 모든 이들이 서로 잔을 돌리는 것이다. 대개 종묘의 안에서는 일이 있으면

영광으로 여기는 것이다. 그러므로 천한 이에게도 미치는 것이 이르게 하는 것 또한 그의 공경을 펴는 것을 얻게 하려고 한 것이다. 연모燕毛는 제사를 끝마치면 연회에서 머리털의 색깔로 어른과 어린이를 구별해 좌석의 차례로 삼는 것이다. 치齒는 연수年數이다.

조상의 제사를 받드는 종묘의 예절은, 효孝의 시발점始發點이며 나라를 다스리는 큰일인 것이다. 벼슬의 차례는 상하上下를 구별하는 것으로 질서를 위한 것이다.

제사를 지낼 때 일을 분담하여 진행시키는 것은 그 사람의 능력을 평가하는 것이요, 제사가 끝날 무렵 신분이 낮은 사람이 높은 사람에게 술잔을 올리는 것은 신분이 천한 사람에게도 신분이 높은 사람을 접대할 수 있는 기회를 주어서 고루 은혜가 미치도록 하기 위한 것이다. 성씨姓氏가 다른 참례자參禮者가 다 돌아간 뒤에 친척들끼리만 모여 잔치하는 자리에서 나이의 차례대로 자리에 앉는 것은 장유長幼를 구분하여 나이 많은 사람을 공경하게 하기 위한 것으로, 모두가 주공이 제정한 예법의 강령綱領들이다.

宗廟[1]之禮는 所以序昭穆[2]也오 序爵[3]은 所以辨貴賤也오 序事[4]는 所以辨賢也오 旅酬[5]에 下 爲上은 所以逮賤也오 燕毛[6]는 所以序齒[7]也니라

宗廟之次 左爲昭 右爲穆 而子孫亦以爲序 有事於太廟 則子姓 兄弟群昭 群穆咸在而不失其倫焉 爵 公侯卿大夫也 事 宗祝有事之職事也 旅 衆也 酬 導飮也 旅酬之禮 賓弟子 兄弟之子各擧觶於其長而衆相酬 蓋宗廟之中以有事爲榮 故逮及賤者 使亦得以申其敬也 燕毛 祭畢而燕 則以毛髮之色別長幼爲坐次也 齒 年數也

〔종묘의 예는 소昭와 목穆을 차례 하는 바요, 작爵을 서序함은 귀貴와 천賤을 구별하는 바요, 일을 차례 함은 어짊을 변辨하는 바요, 모두 수酬함에 하下가 상上을 위함은 천賤한 자에게까지 미치는 바요, 연燕에 모毛로 함은 나이를 차례 하는 바니라.〕

※

1 宗廟(종묘): 조묘祖廟와 같다. 천자는 7묘七廟를 둔다.

2 昭穆(소목): 태조太祖를 모신 태묘太廟가 중앙에 위치하여 남면南面하고 왼쪽이 소昭, 오른쪽이 목穆으로 1태묘, 3소 3목으로 됨. 1세世는 태묘에, 2·4·6세는 소昭에, 3·5·7세는 목穆에 안치함. 부자父子를 소목으로 구분한 것은 2대를 확실하게 구별하기 위함이며, 제사를 지내는 자손들도 이런 차례로 늘어선다.

3 序爵(서작): 벼슬의 등급에 따라 차례로 늘어섬.

4 序事(서사): 제사를 맡은 집사執事의 차례. 대소경중大小輕重의 일을 현·불초賢不肖를 구분시켜 맡게 하는 것이다.

5 旅酬(여수): 제사가 끝난 뒤 아랫사람이 윗사람에게 술잔을 권하는 예절.

6 燕毛(연모): 잔치에서 장유長幼의 순서. 제사가 끝나면 타성씨他姓氏들은 다 물러가고 같은 성씨끼리 모여 여는 잔치에서 어른과 나이 어린 사람의 차례를 구분하는 것.

7 序齒(서치): 나이의 순서를 바로잡다. 나이의 순서대로 자리를 정하는 것을 말한다.

3. 지위가 있어야 그 예를 행한다

선왕先王의 자리에 나아가면 선왕이 행하시던 예절로 행하며, 선왕이 연주하시던 음악으로 연주하며, 선왕이 존경하던 이를 존경하며,

선왕이 친애하시던 이를 사랑하며, 장례 때까지는 돌아가신 분 섬기기를 살아 계신 분 모시듯 하며, 제사 때에는 안 계신 분 섬기기를 살아 계신 분 섬기듯 하는 것이 효도의 극치이다.

◉ 집주에서 말했다.

천踐은 밟다〔履〕와 같다. 기其는 선왕先王을 가리킨다. 소존소친所尊所親은 선왕先王의 조고祖考, 자손子孫, 신서(臣庶: 여러 신하)이다. 처음으로 죽은 자를 사死라고 이른다. 이미 장례를 치르면 곧 돌아가 없는 것이니 모두 선왕을 가리킨 것이다. 이 문장은 위의 두 단락인 계지繼志 술사述事의 뜻을 결론지은 것이다.

선왕의 유지遺志를 받들고, 선왕의 행적을 본받으며, 선왕이 돌아가신 뒤에도 살아 계신 것처럼 모든 정성을 다하는 것이 효도의 극치로서 효도의 마지막이라는 뜻이다.

일반 백성도 부모의 유지를 이어받고 그 뜻을 잘 계승하는 것이야말로 효도를 다하는 것이라 하겠다.

踐[1]其位하여 行其禮하며 奏其樂하며 敬其所尊하며 愛其所親하며 事死如事生하며 事亡如事存이 孝之至也니라

踐 猶履也 其 指先王也 所尊所親 先王之祖考 子孫 臣庶也 始死謂之死 既葬則曰反而亡焉 皆指先王也 此結上文兩節 皆繼志述事之意也

〔그 위位를 천踐하여 그 예를 행하며, 그 음악을 연주하며, 그 존경한 바를 공경하며, 그 친애한 바를 사랑하며, 죽은 이 섬김을 산 사람 섬김같이

하며, 없는 이 섬기기를 있는 이 섬기듯이 하는 것이 효도의 지극함이니라.〕

※

1 踐(천): '밟다'와 같다. 그 선왕의 지위를 밟다.

4. 이것은 사직의 예절이다

하늘과 땅에 제사 지내는 예절은 상제(上帝: 하느님)와 후토(后土: 토지의 신)를 섬기는 것이다.
나라의 종묘사직宗廟社稷에 제사 지내는 예절은 자신의 조상에게 제사 지내는 것이다.
하늘과 땅에 제사 지내는 예절과 황제皇帝가 종묘사직에 제사 지내는 의미를 잘 안다면, 한 국가를 다스리는 일은 자신의 손바닥을 들여다보는 것같이 쉬울 것이다.

◉ 집주에서 말했다.

교郊는 제천祭天이다. 사社는 제지祭地이다. 후토后土를 말하지 않은 것은 문장을 생략한 것이다. 체禘는 천자의 종묘의 대제大祭이며 태조太祖로부터 나온 바를 태묘에 미루어 제사하고 태조로서 배향하는 것이다. 상嘗은 추제秋祭이며, 봄·여름·가을·겨울에 모두 제사 지내는데 그것의 하나만을 거론했을 뿐이다. 예에는 반드시 의義가 있어 마주해 거론한 번갈은 문장이다.
시示는 시視와 동일하다. 시제장視諸掌은 쉽게 볼 수 있다는 것을

말한 것이다. 이 문장은 『논어』의 문장의 뜻과 더불어 대동소이大同小異하며, 기록하는 데 자세하고 간략하게 한 것이 있을 뿐이다.

제사를 지내는 근본根本 뜻을 밝게 안다면 국가를 다스리는 일은 아주 쉽다고 말한 것은, 모든 일은 공경에서부터 시작된다는 것을 의미한 것이다. 공경이란 또 '중용中庸' 전체의 뜻인 '지성至誠'의 공부이기도 하다. 매사에 지극한 공경은 지성至誠으로 이르는 길이며, 정성을 다하는 일은 사심私心 없이 모든 공경을 다하는 것이라 하겠다. 공경이 지극하면 지성至誠이 된다. 그러므로 경건한 마음과 정성을 다해 받드는 제사의 참의미 속에 나라를 다스리고 가족을 편안하게 하는 길은 물론, 국태민안國泰民安의 방법도 이 안에 있다는 말로 이 장에서는 그것의 결론을 내리고 있다.

郊社[1]之禮는 所以事上帝也오 宗廟之禮는 所以祀乎其先也니 明乎郊社之禮와 禘嘗[2]之義면 治國은 其如示諸掌乎인저

郊 祭天 社 祭地 不言后土者 省文也 禘 天子宗廟之大祭 追祭太祖之所自出於太廟 而太祖配之也 嘗 秋祭也 四時皆祭 擧其一耳 禮必有義 對擧之 互文也 示 與視同 視諸掌 言易見也 此與論語文意大同小異 記有詳略耳

〔교郊와 사社의 예는 상제를 섬기는 바요, 종묘의 예는 그 선先을 사祀하는 바니, 교와 사의 예와 체禘와 상嘗의 뜻에 밝으면 나라를 다스림은 그 손바닥을 보는 것과 같은저.〕

❊

1 郊社(교사): '교郊'는 황제皇帝가 하늘에 제사 지내는 일. '사社'는 황제가 땅에 제사 지내는 일.

2 禘嘗(체상) : '체'는 천자가 태묘太廟에 5년마다 한 번씩 지내는 큰 제사. '상'은 종묘에서 가을철에 지내는 제사의 이름. 『예기』 왕제王制편의 기록에 보면 봄에 지내는 제사는 약礿, 여름에 지내는 제사는 체禘, 가을에 지내는 제사는 상嘗, 겨울에 지내는 제사는 증烝이라고 했다.

※ 이상은 제19장이다.

上第十九章

제20장 정치란 어떤 것인가

1. 정치는 창포나 갈대와 같다

노魯나라 애공哀公이 정치란 어떤 것인가 물으니 공자가 말했다.
"주나라 문왕과 무왕의 정치사상이 책에 기록되어 있습니다. 그 사람이 있으면 곧 그런 정치가 시행될 수 있고, 그 사람이 없으면 곧 그런 정치는 없어지는 것입니다.
사람의 도道는 정치에 신속하고, 땅의 도는 나무에 신속한 것입니다. 대저 정치라는 것은 창포菖蒲나 갈대와 같은 것입니다.
그러므로 정치를 하는 것은 사람에게 있습니다. 사람을 선택하는 것은 자신의 몸으로써 하고, 몸을 닦는 것은 도道로써 하고, 도를 닦는 것은 인仁으로써 합니다.
인仁이란 사람이 하는 것이니 친족親族을 친애親愛하는 일이 중요합니다. 의義란 사리에 마땅한 것이니 어진 이를 존경하는 일이 가장 중요합니다. 친족을 친애하는 구별과 어진 이를 존경하는 차등差等은 예절이 발생하는 시발점입니다.
그러므로 군자는 몸을 닦지 않을 수 없습니다. 몸 닦는 것을 생각한다면 어버이를 섬기지 않을 수 없습니다. 어버이 섬기기를 생각한다면 사람의 도리를 알지 않을 수 없습니다. 사람의 도리를 알려고 생각한다면 하늘의 이치(중용의 도)를 알지 않을 수 없는 것입니다."

◉ 집주에서 말했다.

애공哀公은 노나라 임금이고 이름은 장蔣이다.

방方은 판版이다. 책策은 간簡이다. 식息은 멸滅과 같다. 이 군주가 있으면 이 신하가 있게 되고 곧 이 정치가 있게 되는 것이다.

민敏은 속速이다. '침괄이위포위(沈括以爲蒲葦: 침괄해서 포위로 삼다)'라고 한 것이 이것이다. 사람으로써 정사를 세우는 것은 마치 땅에 나무를 심으면 그 나무가 자라는 것이 신속한 것과 같은 것이다. 줄이나 갈대는 또 쉽게 자라는 생물이며 그의 성취는 더욱 신속하다. 사람이 존재하고 정사가 거행되면 그 쉬운 것이 이와 같다는 것이다.

'인도민정人道敏政'을 이어서 말한 것이다. 위정재인爲政在人은 『가어家語』에는 '작위정作爲政 재어득인在於得人'이라고 했는데 말의 뜻이 더욱 갖추어져 있다. 인人은 현신賢臣을 이른다. 신身은 군신君身을 가리킨다. 도道는 천하의 달도達道이다. 인仁은 천지 생물의 마음이고 사람이 얻어서 사는 것이며 이른바 원元이고 선善의 뛰어난 것이다. 사람의 군주가 정사를 행하는 것은 사람을 얻는 데 있으며 사람을 취하는 법칙은 또 수신脩身에 있다는 것을 말한 것이다. 능히 그의 몸이 인仁하면 군주도 있고 신하도 있어 정사가 시행되지 않는 일이 없는 것이다.

인人은 사람의 몸을 가리켜 말한 것이다. 이 생활하는 도리를 갖추게 되면 자연스럽게 곧 몹시 애처롭게 여기고 자애하는 뜻이 있게 되는 것이다. 깊이 체득하고 맛 들인다면 가히 볼 수 있는 것이다. 의宜는 사리事理를 분별하여 각각의 마땅한 바가 있는 것이다. 예는 곧 존현과 친친을 절문節文할 뿐이다. 정씨鄭氏는 '재하위在下位'에서 '득이치의得而治矣'까지는 아래에 있어야 하는데 잘못되어 이곳에 중복되어 있다고 했다.

위정재인爲政在人하고 취인이신取人以身이다. 그러므로 가히 몸을 닦지 않을 수가 없다. 몸을 닦는 것을 도로써 하고, 도를 닦는 것을 인仁으로써 한다. 그러므로 몸을 닦는 것을 생각하면 어버이를 섬기지 않을 수가 없다. 친한 이를 친히 하는 인仁을 다하고자 한다면 반드시 어진 이를 높이는 의로 말미암는 것이다. 그러므로 또 사람을 아는 것이 마땅한 것이다. 친한 이를 친히 하는 것으로부터 차츰 줄여가는 것과 어진 이를 높이는 등급은 모두 하늘의 이치이다. 그러므로 또 마땅히 하늘의 이치를 알아야 한다.

『중용』의 전체 33장 중에서 가장 긴 문장이다. 노나라 애공이 정치란 어떤 것인가를 공자에게 물었다. 공자는, 정치는 문왕과 무왕을 본받아야 하며, 그들의 사상은 책에 기록되어 있다고 했다. 그 내용은 문왕이나 무왕 같은 어진 임금이 위에 있으면 나라는 잘 다스려지고 그런 사람이 없으면 나라는 잘 다스려지지 않는다는 것이다. 곧 요순堯舜이 있었으므로 요순의 정치가 시행되었으며, 문왕이나 무왕이 있었으므로 그 정치가 행해졌다는 것이다. 또 정치는 땅에 나무를 심는 것과 같아서 좋은 땅에 나무를 심으면 잘 자라고 척박한 땅에 나무를 심으면 잘 자라지 않는 것처럼, 위정자爲政者가 덕이 있으면 백성은 저절로 잘 다스려져 창포와 갈대가 기름진 땅을 만나 무럭무럭 자라는 것과 같다고 했다.

또 노나라 애공이 인의仁義의 정치를 하지 않자, 정치는 사람(어진 신하)을 얻는 데 있으며 사람을 얻으려면 자신의 몸을 닦아야 하고 그 몸을 닦는 데에는 인仁이 있을 뿐이라고 강조하고 있으며 그 결과는 하늘을 아는 것이요, 하늘을 아는 것은 곧 중용의 도를 아는 것이라고 결론지었다.

哀公[1]이 問政한대

子曰 文武之政이 布在方策[2]하니 其人이 存則其政이 擧하고 其人이 亡則其政이 息이니라

人道는 敏政하고 地道는 敏樹하니 夫政也者는 蒲盧[3]也니라

故로 爲政이 在人하니 取人以身이오 修身以道오 修道以仁이니라

仁者는 人也니 親親이 爲大하고 義者는 宜也니 尊賢이 爲大하니 親親之殺[4]와 尊賢之等이 禮所生也니라

在下位하여 不獲乎上이면 民不可得而治矣[5]리라

故로 君子 不可以不修身이니 思修身인댄 不可以不事親이오 思事親인댄 不可以不知人이오 思知人인댄 不可以不知天이니라

哀公 魯君 名蔣

方 版也 策 簡也 息 猶滅也 有是君 有是臣 則有是政矣

敏 速也 蒲盧 沈括以爲蒲葦是也 以人立政 猶以地種樹 其成速矣 而蒲葦又易生之物 其成尤速也 言人存政擧 其易如此

此承上文人道敏政而言也 爲政在人 家語作 爲政在於得人 語意尤備 人 謂賢臣 身 指君身 道者 天下之達道 仁者 天地生物之心 而人得以生者 所謂元者善之長也 言人君爲政在於得人 而取人之則又在脩身 能仁 其身 則有君有臣 而政無不擧矣

人 指人身而言 具此生理 自然便有惻怛慈愛之意 深體味之可見 宜者 分別事理 各有所宜也 禮 則節文斯二者而已

鄭氏曰 此句在下 誤重在此

爲政在人 取人以身 故不可以不脩身 脩身以道 脩道以仁 故思脩身不可以不事親 欲盡親親之仁 必由尊賢之義 故又當知人 親親之殺 尊賢之等 皆天理也 故又當知天

〔애공哀公이 정政을 묻자온대 자 가라사대 문무文武의 정政이 방方과 책策에 포布하여 있으니 그 사람이 있으면 그 정政이 거擧하고, 그 사람이 없으면 그 정政이 식息하니라. 사람의 도道는 정政에 빠르고, 땅의 도는 나무에 빠르니 대저 정은 창포와 갈대니라. 고로 정을 함이 사람에 있으니 사람을 취하되 몸으로써 하고, 몸을 닦되 도로써 하고, 도를 닦되 인仁으로써 할지니라. 인仁은 인人이니 친親을 친함이 크고, 의義는 마땅함이니 어진 이를 존尊함이 크다. 친을 친애하는 쇄殺와 현賢을 존하는 등급이 예禮의 생生하는 바니라. 하위下位에 있으면서 상上에 얻지 못하면 백성을 얻어 다스리지 못하리라. 고로 군자는 가히 써 몸을 닦지 아니치 못하나니 몸 닦음을 생각할진댄 가히 써 어버이를 섬기지 아니치 못하고, 어버이를 섬김을 생각할진댄 가히 써 사람을 알지 아니치 못하고, 사람 알 것을 생각할진댄 가히 써 하늘을 알지 아니치 못하느니라.〕

※

1 哀公(애공): 춘추春秋 시대의 노魯나라 군주君主. 이름은 장蔣. 정공定公의 뒤를 이어 제후의 자리에 올랐다.

2 方策(방책): '방方'은 판版이요, '책策'은 간簡이다. 지금의 문서나 책冊과 같음.

3 蒲盧(포로): 창포와 갈대. 1년생 식물로 성장이 빠르다.

4 殺(쇄): '쇄'는 본래 '죽일 살殺'이나 여기서는 '덜 쇄'로 읽는다. 감삭減削하다. 곧 차츰차츰 줄여가는 것이다.

5 在下位~而治矣(재하위~이치의): 이 문장은 본장本章 5의 문장에 있다. 이곳에 있는 것은 죽간竹簡으로 된 옛 본이 잘못되어 중복된 것이며, 이곳에 있는 것은 잘못된 것이라고 정씨鄭氏의 말을 인용해서 주자〔朱熹〕가 주장했다.

2. 천하에 통용되는 도는 다섯 가지가 있다

온 세상에 통용되는 다섯 가지 도道가 있고, 이 도를 행하게 하는 것 세 가지가 있습니다.
이른바 임금과 신하, 아버지와 아들, 남편과 아내, 형과 동생, 벗과 벗의 사귐입니다. 이 다섯 가지는 온 세상에 두루 통용되는 도입니다.
앎〔知〕과 어짐〔仁〕과 용맹〔勇〕의 세 가지는 온 천하에 널리 통용되는 덕德입니다. 이것을 행하게 하는 것은 오직 진실, 하나〔一〕일 뿐입니다.

◉ 집주에서 말했다.

달도達道는 천하에서 옛날이나 지금이나 함께 말미암는 길이다. 곧 『서경』에서 이른바 '오전五典'이며, 『맹자』에서 이른바 부자유친父子有親·군신유의君臣有義·부부유별夫婦有別·장유유서長幼有序·붕우유신朋友有信이 이것이다. 지知는 이것을 아는 바이고, 인仁은 이것을 체득하는 바이며, 용勇은 이것을 굳세게 하는 바이다. 달덕達德이라고 이른 것은 천하에서 옛날이나 지금이나 한 가지로 얻는 바의 이치이다. 일一은 곧 성(誠: 진실)일 뿐이다. 달도達道는 비록 사람이 함께 말미암는 바이나 그러나 이 지知, 인仁, 용勇의 삼덕三德이 없으면 행동하는 바도 없는 것이다.

달덕達德은 비록 사람이 함께 얻는 바이나 그러나 하나라도 성실하지 못한 것이 있게 되면 인욕이 그 속에 간여하여 덕은 그의 덕이 아닌 것이다. 정자程子는 이른바 '성誠이란 이 세 가지에서 성실하게 머무는 것이고 세 가지의 밖에 다시 별도로 성誠은 없는 것이다.'라고 했다.

이 문장에서 말하는 도道란 인간이 걸어가야 할 길이다. 인간이 가야 할 길이 다섯 가지가 있고, 행하는 것 세 가지가 있는데 이것은 인간 모두에게 해당되는 것들이다. 맹자는 이것을 '부자유친, 군신유의, 부부유별, 장유유서, 붕우유신'으로 더 발전시켜 인간이 지켜야 할 오륜五倫이라고 했다. 이 오륜을 실천하려면 지知, 인仁, 용勇 세 가지가 꼭 필요하다. 첫째 오륜의 이치를 분명히 알아야 하고, 둘째 오륜의 덕을 닦아야 하고, 셋째 중용의 도에 따라 오륜을 용감히 실천해야 하기 때문이다. 그것이 곧 공자가 말하는 달덕達德인 것이다.

天下之達道[1] 五에 所以行之者는 三이니 曰 君臣也父子也夫婦也昆弟也朋友之交也五者는 天下之達道也오 知仁勇三者는 天下之達德[2]也니 所以行之者는 一也니라

達道者 天下古今所共由之路 卽書所謂五典 孟子所謂 父子有親 君臣有義 夫婦有別 長幼有序 朋友有信 是也 知 所以知此也 仁 所以體此也 勇 所以强此也 謂之達德者 天下古今所同得之理也 一則誠而已矣 達道雖人所共由 然無是三德 則無以行之 達德雖人所同得 然一有不誠 則人欲間之 而德非其德矣 程子曰 所謂誠者 止是誠實此三者 三者之外 更別無誠

〔천하의 달한 도道 다섯에 행하는 바는 셋이니 가로되 군신君臣과 부자父子와 부부와 곤제昆弟와 붕우의 사귐의 다섯 가지는 천하의 달한 도요,

지인용知仁勇 세 가지는 천하의 달한 덕德이니 써 행하는 바는 하나니라.〕

※

1 達道(달도): 온 천하가 옛날이나 지금이나 동일하게 가는 길. 어떠한 지역이나 어떠한 경우에도 널리 행하여야 할 윤리.

2 達德(달덕): 어떠한 지역이나 어떠한 경우에도 널리 행하여야 할 덕.

3. 세 등급의 인간이지만 성공은 동일하다

어떤 사람은 태어나면서부터 이것을 알기도 하며, 어떤 사람은 배워서 이것을 알기도 하며, 어떤 사람은 고군분투孤軍奮鬪하여 이것을 알기도 합니다.

그러나 그것을 아는 데(깨우치다)에 이르러서는 동일할 뿐입니다.

또 어떤 사람은 힘들이지 않고 편안하게 이것을 실행하며, 어떤 사람은 이것을 자신에게 이로운 것이라고 생각하고 실행하며, 어떤 사람은 각고정려刻苦精勵하여 이것을 실행하지만 그 공을 성취하는 데에는 다 동일할 뿐입니다.

배우기를 좋아하는 것은 앎〔知〕에 가깝고, 힘써 행하는 것은 인仁에 가깝고, 부끄러움을 아는 것은 용맹〔勇〕에 가까운 것입니다.

이 지知, 인仁,용勇 세 가지를 알게 되면 자신을 닦는 방법을 알게 되고, 자신을 닦는 방법을 알게 되면 남을 다스리는 방법을 알게 되며, 남을 다스리는 방법을 알게 된다면 온 천하와 국가를 다스리는 방법을 알게 될 것입니다.

◉ 집주에서 말했다.

아는 자가 깨달아 아는 바와 행동하는 자가 행동으로 실천하는 바를 달도達道라고 이른다. 이것을 나누어 말하면 알아 깨닫는 바는 지知이고, 행동으로 실천하는 바는 인仁이고, 알아 깨닫고 성공에 이르는 바는 하나의 용勇일 뿐이다. 차등으로써 말하면 '생지안행生知安行'은 지知이고, '학지이행學知利行'은 인仁이며, '곤지면행困知勉行'은 용勇이다. 대개 사람의 성性은 비록 선하지 않은 것이 없지만 기품氣稟은 동일하지 않는 것이 있다. 그러므로 도를 듣는 데도 일찍 하고 늦게 하는 것이 있고 도를 행하는 데도 어렵게 하고 쉽게 하는 것이 있다. 그러나 스스로 부지런히 노력하여 쉬지 않으면 그 도달하는 바는 하나일 따름이다. 여씨呂氏가 이르기를 '들어가는 길이 비록 다를지라도 이르는 바의 지역은 동일한 것이며, 이것이 중용이 되는 까닭이다. 만약 생지안행生知安行의 자질을 바라면 거의 미치지 못하고 곤지면행困知勉行을 가벼이 여기면 능히 성취하지 못한다고 이를 수 있다. 이것이 도가 행해지지 않고 밝아지지 않는 이유이다.'라고 했다.

'자왈子曰'의 두 글자는 연문衍文이다. 이 문장은 달덕達德에 이르지 못하고 입덕入德의 일을 구하는 것을 말한 것이다. 위의 문장을 통해 삼지(三知: 生知, 學知, 困知)로 지知를 삼았고, 삼행(三行: 安行, 利行, 勉强行)으로 인仁을 삼았으며 이 문장의 삼근(三近: 好學, 力行, 知恥)은 용勇의 차례이다.

여씨는 말하기를 '어리석은 자는 스스로 옳다고 하며 구하지 않고, 스스로 멋대로 하는 자는 인욕을 따라서 돌아오는 것을 잊어버리고, 나약한 자는 사람의 아래하기를 달게 여겨 사양하지 않는다. 그러므로 호학好學이 지知는 아니지만 그러나 족히 어리석음을 깨부수고, 역행力行이 인仁은 아니지만 그러나 족히 사사로운 생각을 잊게 하고, 지치知恥가 용맹은 아니지만 그러나 족히 나약함에서 일으켜 준다.'고 했다.

사삼자斯三者, 곧 수신修身·치인治人·치국가천하治國家天下의 세 가지는 근지近知·근인近仁·근용近勇을 가리켜 말한 것이다. 인人은 자신을 마주하고 일컬은 것이며 천하와 국가의 사람에게 다하는 것이다. 이것을 말해 이상은 수신修身의 뜻을 끝맺고 아래 문장의 구경九經의 단서를 일으키는 것이다.

공자는 인간이 이 세상에 태어나 학문을 하는 데에 세 등급의 사람이 있고 행동하는 데에 세 등급이 있다고 말했다. 나면서부터 알고 편안하게 행동하는 자는 성인聖人이요, 배워서 알고 이롭기 때문에 행동하는 자는 현인賢人이요, 힘써서 알고 힘써서 행동하는 자는 중인衆人인데, 이렇게 인간은 세 부류로 나눠지지만 그 성공에 이르면 동일하다고 했다. 이 모두는 다섯 가지 달도達道를 터득하는 방법이다. 이 다섯 가지 달도를 터득하는 일은 지知, 인仁, 용勇의 실행 방법이기도 한데 수신修身이 그 근본이라는 것을 설명했다. 또 이 모든 것이 국가를 다스리고 천하를 태평케 하는 방법이라고 했다.

或生而知之하며 或學而知之하며 或困而知之하나니 及其知之하여는 一也니라 或安而行之하며 或利而行之하며 或勉强而行之하나니 及其成功하여는 一也니라

子曰[1] 好學은 近乎知하고 力行은 近乎仁하고 知恥는 近乎勇이니라

知斯三者則知所以修身이오 知所以修身則知所以治人이오 知所以治人

則知所以治天下國家矣리라

知之者之所知 行之者之所行 謂達道也 以其分而言 則所以知者知也 所以行者仁也 所以至於知之成功而一者勇也 以其等而言 則生知安行者知也 學知利行者仁也 困知勉行者勇也 蓋人性雖無不善 而氣稟有不同者 故聞道有蚤莫 行道有難易 然能自强不息 則其至一也 呂氏曰 所入之塗雖異 而所至之域則同 此所以爲中庸 若乃企生知安行之資爲不可幾及 輕困知勉行謂不能有成 此道之所以不明不行也
子曰 二字衍文 此言未及乎達德而求以入德之事 通上文三知爲知 三行爲仁 則此三近者 勇之次也 呂氏曰 愚者自是而不求 自私者徇人欲而忘返 懦者甘爲人下而不辭 故好學非知 然足以破愚 力行非仁 然足以忘私 知恥非勇 然足以起懦 斯三者 指三近而言 人者 對己之稱 天下國家 則盡乎人矣 言此以結上文脩身之意 起下文九經之端也

〔혹 생生하여 지知하며, 혹 학學하여 지하며, 혹 곤困하여 지하나니 그 지함에 미쳐서는 한 가지니라. 혹 안安하여 행하며, 혹 이利하여 행하며, 혹 면강勉强하여 행하나니 그 공을 이룸에 미쳐서는 한 가지니라. 학學을 좋아함은 지知에 가깝고, 힘써 행함은 인仁에 가깝고, 부끄러움을 앎은 용勇에 가까우니라. 이 셋을 알면 써 몸을 닦을 바를 알고, 써 몸을 닦을 바를 알면 써 사람 다스릴 바를 알고, 써 사람 다스릴 바를 알면 써 천하 국가를 다스릴 바를 알리라.〕

⁂

1 子曰(자왈): 필요 없는 글자로 해석된다고 주희朱熹가 주장했다. 문맥으로 보아도 잘못인 것 같다.

4. 국가를 경영하는 아홉 가지가 있다

무릇 온 천하와 국가를 다스리는 데에는 아홉 가지 떳떳한 법도가 있습니다.

자신의 몸을 닦고, 어진 이를 존경하고, 친족을 친애하고, 나이 많고 덕망 있는 대신大臣을 공경하고, 그 밖의 여러 신하를 내 몸처럼 보살피고, 모든 백성을 내 자식처럼 돌보고, 모든 공인工人을 모여들게 하고, 먼 곳에서 오는 사람을 부드럽게 대하고, 제후들을 어루만져 편안하게 해 주는 것입니다.

자신의 몸을 닦으면 도가 서게 되고, 어진 이를 존경하면 나쁜 곳으로 빠지지 않게 되고, 친족을 친애하면 아버지의 형제들이나 나의 형제들이 원망하지 않게 되고, 원로대신元老大臣을 공경하면 악惡에 현혹되지 않고, 여러 신하를 내 몸처럼 살피면 선비들이 예절로 보답하는 것이 중후하게 되고, 모든 백성을 자식처럼 살피면 백성이 부지런하도록 권장하게 되고, 모든 공인工人을 모여들게 하면 재물의 쓰임이 넉넉하게 되고, 먼 곳에서 오는 사람을 따뜻하게 대하면 사방四方에서 백성이 모여들게 되고, 모든 제후를 편안하게 해 주면 천하가 다 두려워하여 마음속으로 복종하게 되는 것입니다.

몸을 재계齋戒하여 마음을 깨끗이 하고, 의복을 정중히 차려 입고, 예절이 아니면 움직이지 않는 것은 자신의 몸을 닦는 길입니다.

참소(讒訴: 간악한 말)를 물리치고, 색色을 멀리 하며, 재물을 천하게 여기고 덕성을 귀히 여기는 것은 어진 이를 장려奬勵하는 길입니다.

그 지위를 높이고, 그 봉록俸祿을 많이 주며, 그 좋아하고 싫어하는 것을 함께 하는 것은 친족을 친애하도록 권장勸獎하는 길입니다.
관리를 많이 두어 마음대로 부리도록 하는 것은 대신大臣을 권장하는 길입니다.
진실과 믿음으로 관리를 대하고, 봉록을 후하게 하는 것은 선비를 격려하는 길입니다.
농사철을 가려서 백성을 부리고, 거두어들이는 세금을 가벼이 하는 것은 모든 백성을 격려하는 길입니다.
날마다 살피고 달마다 시험하여 자신이 하는 일에 맞게 봉록을 주는 것은 모든 공인工人을 격려하는 길입니다.
가는 사람을 송별하고, 오는 사람을 환영하며, 능력 있는 사람을 칭찬하고, 부족한 사람을 동정하는 것 등은 먼 곳에서 오는 사람을 너그러이 대하는 길입니다.
끊어진 가계家系를 이어 주고, 망하여 없어진 나라를 일으켜 주며, 어지러운 사태를 다스려 주고, 위태로운 나라를 유지시켜 주며, 입조入朝하고 빙례聘禮하는 때를 정하고 시행하며, 보내는 물건을 후하게 하고 가져 오는 물건을 박하게 하는 것은 모든 제후를 어루만져 편안하게 해 주는 길입니다.
무릇 천하와 국가를 다스리는 데에는 위에서 열거한 아홉 가지 원칙이 있으며, 이 아홉 가지 원칙을 시행하게 하는 것은 오직 하나(진실: 誠: 一)일 따름입니다.

◉ 집주에서 말했다.

경經은 상常이다. 체體는 자신이 그의 땅에 처신하고 있는 것을 베풀어 그들의 마음을 살피는 것을 이른 것이다. 자子는 부모가 그의 자식을 사랑하는 것과 같이 하는 것이다. 유원인柔遠人은 빈객이나 나그네(외국에서 온 나그네)를 잊지 않는 것을 이르는 것이다. 이것은 구경九經의 조목을 나열한 것이다. 여씨呂氏는 말하기를 '천하 국가의 근본은 몸에 있다. 그러므로 수신修身이 구경九經의 근본이 된다. 그러나 반드시 스승을 친히 하고 벗을 취한 연후에 수신의 도는 나아간다. 그러므로 존현尊賢이 다음에 한다. 도의 나아가는 바는 그의 집안에서보다 먼저 하는 것은 없다. 그러므로 친친親親이 다음에 한다. 집안으로 말미암아 조정에 이른다. 그러므로 경대신敬大臣, 체군신體群臣이 다음에 한다. 조정으로부터 그의 국가에 이른다. 그러므로 자서민子庶民, 내백공來百工이 다음에 한다. 그의 국가로 말미암아 천하에 이른다. 그러므로 유원인柔遠人, 회제후懷諸侯가 다음에 한다. 이것은 구경九經의 차례이다.'라고 했다. 모든 신하를 살피는 것을 나의 사체(四體: 팔다리)와 같이 하고 백성을 살피는 것을 나의 아들과 같이 하는 것, 이것은 신하를 살피고 백성을 살피는 분별이다.

이(두 번째) 문장은 구경九經의 효과를 말한 것이다. 도립道立은 도가 자기에게서 성취되면 백성의 표表가 되는 것으로 이른바 『서경』의 홍범洪範편의 '황건기유극皇建其有極'이라고 한 것이 이것이다. 불혹不惑은 다스리는데 의심하지 않는 것을 이른 것이다. 불현不眩은 일에 미혹되지 않는 것을 이른다. 대신을 공경하면 신임信任을 전임專任할 수 있고 소신小臣이 이간하는 것을 얻지 못한다. 그러므로 일에 임하여 미혹되지 않는다. 백공百工이 오면 공로가 통하고 일이 쉬워지며 농업이나 상업이 서로 도움이 있게 된다. 그러므로 재물의 사용이 풍족해진다. 멀리서 오는 사람에게 부드럽게 대하면 천하의 나그네들이 모두 기뻐하고 그 나라의 길로 나가기를 원한다. 그러므로 사방에서 돌아온다. 제후를 품으면 덕의 베푸는 바는 넓고 위엄으로 제재하는 바도 넓게 된다. 그러므로 천하에서 두려워하는 것이다.

이(세 번째) 문장은 구경九經의 일을 말한 것이다. 관성임사官盛任使는 관속의 무리가 성대해 사령使令을 맡기는 것에 만족하게 된다. 대개 대신은 마땅히 소소한 일에 친히 하지 못한다. 그러므로 넉넉하게 하는 바가 이와 같은 것이다. 충신중록忠信重祿은 대우하는 것을 진실하게 하고 기르는 것을 두텁게 하는 것을 이른 것이다. 대개 신체로써 그가 위에 의뢰하는 바를 아는 것이 이와 같은 것이다. 기旣는 희餼로 읽으며, 희품餼稟은 초식(稍息: 녹봉)이다. 칭사稱事는 『주례周禮』의 고인직稾人職에는 '그의 활과 쇠뇌를 조사해서 그의 먹는 것(봉록)을 올리고 내리기도 한다.'라고 한 것과 같은 것이 이것이다. 가는 자에게는 절節을 만들어 주어서 보내고 오는 자에게는 그의 위자(委積: 노적)를 풍족하게 해서 맞이한다. 조朝는 제후가 천자를 알현하는 것을 이른다. 빙聘은 제후가 대부를 시켜 와서 공물을 헌상하게 하는 것을 이른다. 『예기』 왕제王制편에는 비년比年에 한 번 소빙小聘하고, 3년에 한 번 대빙大聘하고, 5년에 한 번 조회를 한다고 했다. '후왕박래厚往薄來'는 잔치에서의 하사품은 후하고 공물을 들이는 것은 박하게 하는 것을 이르는 것이다.

일一은 성誠이다. 하나라도 진실하지 않은 것이 있으면 곧 이 구경九經은 모두 헛된 문장이 되는 것이며 이것은 구경九經의 결실이다.

위정자가 천하 국가를 다스리는 데 필요한 아홉 가지 원칙은 공자孔子 시대, 곧 봉건시대封建時代의 통치 이념이라고 생각되겠지만 현실의 우리 사회, 곧 민주 사회에서도 응용할 가치가 있는 정치의 요체要諦라고 할 것이다. 수신修身, 존현尊賢, 친친親親, 경대신敬大臣, 체군신體群臣, 자서민子庶民, 내백공來百工, 유원인柔遠人, 회제후懷諸侯의 아홉 가지를 현대 정치에도 잘 응용한다면 한 국가를 통치하는 데 있어서 공자가 앞 장에서 말했듯이 손바닥을 보는 것과 같이 쉬우리라고 생각된다. 민주 사회에 있어서 정치인들이 한 번쯤 깊이 되새겨야 할 사항이라 하겠다.

凡爲天下國家 有九經[1]하니 曰 修身也와 尊賢也와 親親也와 敬大臣也와 體[2]群臣也와 子庶民[3]也와 來百工也와 柔遠人[4]也와 懷諸侯也니라

修身則道立[5]하고 尊賢則不惑[6]하고 親親則諸父[7]昆弟不怨하고 敬大臣則不眩[8]하고 體群臣則士之報禮 重하고 子庶民則百姓이 勸하고 來百工則財用이 足하고 柔遠人則四方이 歸之하고 懷諸侯則天下가 畏之니라

齊明盛服하여 非禮不動은 所以修身也오 去讒遠色[9]하며 賤貨而貴德은 所以勸賢也오 尊其位하며 重其祿하며 同其好惡는 所以勸親親也오 官盛任使[10]는 所以勸大臣也오 忠信重祿은 所以勸士也오 時使薄斂[11]은 所以勸百姓也오 日省月試하여 旣稟稱事[12]는 所以勸百工也오 送往迎來하며 嘉善而矜不能[13]은 所以柔遠人也오 繼絶世하며 擧廢國[14]하며 治亂持危[15]하며 朝聘以時[16]하며 厚往而薄來[17]는 所以懷諸侯也니라

凡爲天下國家 有九經하니 凡以行之者는 一也[18]이니라

經 常也 體 謂設以身處其地而察其心也 子 如父母之愛其子也 柔遠人

所謂無忘賓旅者也 此列九經之目也 呂氏曰 天下國家之本在身 故脩身爲九經之本 然必親師取友 然後脩身之道進 故尊賢次之 道之所進 莫先其家 故親親次之 由家以及朝廷 故敬大臣 體群臣次之 由朝廷以及其國 故子庶民 來百工次之 由其國以及天下 故柔遠人 懷諸侯次之 此九經之序也 視群臣猶吾四體 視百姓猶吾子 此視臣視民之別也

此言九經之效也 道立 謂道成於己而可爲民表 所謂皇建其有極是也 不惑 謂不疑於理 不眩 謂不迷於事 敬大臣則信任專 而小臣不得以間之 故臨事而不眩也 來百工則通功易事 農末相資 故財用足 柔遠人 則天下之旅皆悅而願出於其途 故四方歸 懷諸侯 則德之所施者博 而威之所制者廣矣 故曰天下畏之

此言九經之事也 官盛任使 謂官屬衆盛 足任使令也 蓋大臣不當親細事 故所以優之者如此 忠信重祿 謂待之誠而養之厚 蓋以身體之 而知其所賴乎上者如此也 既 讀曰餼 餼禀 稍食也 稱事 如周禮稾人職 曰 考其弓弩 以上下其食 是也 往則爲之授節以送之 來則豐其委積以迎之 朝 謂諸侯見於天子 聘 謂諸侯使大夫來獻 王制 比年一小聘 三年一大聘 五年一朝 厚往薄來 謂燕賜厚而納貢薄 一者 誠也 一有不誠 則是九經皆爲虛文矣 此九經之實也

〔무릇 천하 국가를 위함에 아홉 경經이 있나니 가로되 몸을 닦음과 현賢을 존尊함과 친親을 친함과 대신大臣을 공경함과 군신群臣을 체體함과 서민을 자子함과 백공百工을 내來케 함과 원인遠人에게 유柔케 함과 제후를 회懷함이니라.

몸을 닦으면 도가 서고, 어진 이를 존경하면 혹惑하지 아니하고, 친親을 친하면 제부 곤제諸父昆弟가 원망하지 아니하고, 대신을 공경하면 현혹되지 아니하고, 군신을 체體하면 사士의 예절을 갚음이 중重하고, 서민을 자子하면 백성이 권하고, 백공을 내來케 하면 재물을 씀이 족하고, 원인遠人을 부드럽게 대하면 사방이 돌아오고, 제후를 회懷하면 천하가 외畏하느니라. 제齊하며 명明하며 복服을 성盛히 하여 예가 아니어든 움직이지 아니함은 몸을 닦는 바요, 참讒을 버리고 색色을 멀리하며 재물을 천히 여기고 덕을 귀히 여김은 현賢을 권하는 바요, 그 위位를 존尊히 하며 그 녹祿을 중重히 하며 그 좋아하고 미워함을 한 가지로 함은 친을 친함을 권하는 바요, 관官을 성히 하여 부림을 임任케 함은 대신을 권장하는 바요, 충신忠信으로 하고 녹을 중히 함은 사士를 권하는 바요, 때로 부리며 박薄히 부렴賦斂함은 백성을 권하는 바요, 날로 성省하며 달로 시試하여 기旣와 품稟을 일에 맞게 함은 백공을 권하는 바요, 가는 이를 보내고 오는 이를 맞이하며 선善을 가嘉히 여기고 불능不能을 어여삐 여기는 것은 원인遠人을 유柔하는 바요, 끊어진 세世를 이으며 폐廢한 나라를 거擧하며 난亂을 치治하고 위危를 지持하며 조朝와 빙聘을 때로써 하며 왕往을 후厚히 하고 내來를 박薄히 함은 제후를 회懷하는 바니라. 무릇 천하 국가를 위함에 아홉 경經이 있으니 행하는 자는 일一이니라.〕

※

1 九經(구경): 아홉 가지 떳떳한 법도. 곧 원칙.

2 體(체): 상대방의 입장에 서서 그 사람의 처지를 이해함.

3 子庶民(자서민): 모든 백성을 자식처럼 사랑한다는 뜻.

4 柔遠人(유원인): 손님, 또는 상인商人, 여행자 등의 부류를 칭함. 멀리서 온 손님이나 여행자, 상인들을 따뜻하게 대해 줌.

5 道立(도립): 자신의 몸을 닦아서 도道가 완성되어 가히 백성의 사표師表가 된다는 뜻.

6 不惑(불혹): 사리事理에 의심이 없다. 마음이 흔들리지 않는다.

7 諸父(제부): 여러 아버지. 곧 백부伯父·중부仲父·숙부叔父·계부季父 등.

8 不眩(불현): 의심이 없다. 일에 현혹되는 것이 없다.

9 去讒遠色(거참원색): 남을 시기하는 모함이나 참언讒言을 없애고 여색女色을 멀리함.

10 官盛任使(관성임사): 관리들을 많이 임명하여 상급자가 마음대로 일을 맡겨 부리도록 함.

11 時使薄斂(시사박렴): 농사철을 피하여 백성을 부리고, 세금을 가볍게 거두어들이다.

12 旣稟稱事(기품칭사): 기품旣稟은 보수, 곧 급여로 주는 쌀 및 보리. 칭사稱事는 일의 성과에 맞추어 주는 것.

13 嘉善而矜不能(가선이긍불능): 잘하는 사람은 칭찬하고, 능하지 못한 사람은 동정하는 일.

14 繼絶世擧廢國(계절세거폐국): 끊어진 대를 이어 주고, 없어진 나라를 다시 일으켜 세워 줌.

15 治亂持危(치란지위): 어지러운 나라는 다스려지게 해 주고, 위태한 나라는 붙들어 구원해 줌.

16 朝聘以時(조빙이시): '조朝'는 제후가 5년에 한 번씩 천자를 찾아뵙는 일. '빙聘'은 제후가 3년에 한 번씩 대부를 사신으로 보내 천자를 찾아뵙게 하는 일. 이것을 입조入朝와 빙례聘禮라고 하며, 때를 정하여 입조와 빙례를 함.

17 厚往而薄來(후왕이박래): 천자가 내리는 물건〔下賜品〕은 많이 주고, 제후가 천자에게 바치는 물건〔朝貢物〕은 적게 하는 것.

18 一也(일야): '일一'은 성誠을 말한다. 하나라도 성실하지 않으면 다른 것이 필요 없다.

5. 모든 일에는 계획이 있어야 한다

모든 일, 곧 달도達道와 달덕達德과 구경九經의 일들이 미리 정해져 있으면 성공할 수 있지만 미리 정해져 있지 않으면 실패하는 것입니다. 말〔言〕이 이미 정해져 있으면 실천되지 않음이 없으며, 일이 이미 정해져 있으면 막히지 않고, 행동이 이미 정해져 있으면 꺼림칙한 것이 없으며, 도道가 이미 정해져 있으면 궁해지지 않는 것입니다.

아랫자리에 있으면서 윗사람에게 신임 받지 못하면 백성을 다스릴 수가 없는 것입니다.

윗사람에게 신임 받는 길이 있는데, 그것은 친구들에게 신임 받지 못하면 윗사람에게 신임 받지 못하게 됩니다.

벗에게 신임 받는 길이 있는데, 그것은 부모를 만족스럽게 해 드리지 못하면 친구에게 신임 받을 수 없습니다.

부모를 만족하게 해 드리는 길이 있는데, 그것은 자신을 돌이켜 보아 진실하지 못하면 부모를 만족하게 해 드리지 못합니다.

자신을 성실하게 하는 길이 있는데, 그것은 선善에 밝지 않으면 자신에게도 성실할 수가 없습니다.

성자(誠者: 진실)는 하늘의 도요, 성지자(誠之者: 진실해지려고 노력하는 사람)는 사람의 도입니다.

진실한 것이란 힘쓰지 않아도 중용中庸에 알맞게 되며, 생각하지 않아도 선善한 것을 얻게 되어 자연스럽게 도에 적중하게 되는데 이러한 사람은 성인聖人입니다. 진실해지려고 노력하는 자는 선을 가려 뽑아 굳게 지키는 사람입니다.

◉ 집주에서 말했다.

범사凡事는 달도達道, 달덕達德, 구경九經의 종류를 가리킨 것이다. 예豫는 소정(素定: 본디 정해진 것)이다. 겁跲은 지(躓: 넘어지다)이다. 구疚는 병(病: 괴로운 것)이다. 이 문장은 앞서의 문장을 이어서 범사를 말한 것이며, 모두 먼저 성誠을 세우고자 한 것이 아래 문장의 추진하는 바와 같은 것이 이것이다.

'재하위在下位'부터 '불성호신의不誠乎身矣'까지의 이 문장은 또 '재하위在下位'로써 '소정素定'의 뜻을 미루어 말한 것이다. '반제신불성反諸身不誠'은 도리어 자신의 몸에서 구하여 존재하는 바와 발동하는 바가 능히 진실하여 망령된 것이 없지 않다는 것을 이른 것이다. '불명호선不明乎善'은 인심과 천명天命의 본연을 살펴 진지眞知와 지선至善의 존재하는 바가 능하지 못한 것을 이르는 것이다.

'성자천지도야誠者天之道也'부터 '택선이고집지자야擇善而固執之者也'까지의 이 문장은 위의 문장인 '성신誠身'을 이어서 말한 것이다. 성자誠者는 진실하고 망령됨이 없는 것을 이르는 것이며 천리天理의 본연이다. 성지자誠之者는 진실하고 망령됨이 없지는 않지만 그 진실하고 망령된 것이 없고자 하는 것을 이르는 것이며 인사人事의 당연한 것이다. 성인의 덕은 혼연渾然의 천리天理로 진실하고 망령된 것이 없어 생각하고 힘쓰는 것을 기다리지 않아도 종용從容히 중도中道해 곧 또한 하늘의 도이다. 성聖에 이르지 못하면 인욕의 사사로운 것이 없지 않고 그의 덕을 하는 것이 다 진실하지 못하게 된다. 그러므로 생각하지 아니하면 얻는데 능하지 못하여 반드시 선을 가린 연후에 가히 선에 밝아지는 것이다. 힘쓰지 않으면 중中에 능하지 못하고 반드시 굳게 잡은 뒤에 가히 자신을 진실하게 하는 것이다. 이것을 사람의 도라고 이르는 바이다. 불사이득不思而得은 생지生知이다. 불면이중不勉而中은 안행安行이다. 택선擇善은 학지學知 이하의 일이고 고집固執은 이행利行 이하의 일이다.

자신의 몸을 성실하게 하는 성신誠身을 근본으로 삼아 이야기하려고 앞의 구경九經을 나열한 것이다. 인간은 자신의 몸을 성실하게 하는 것을 기준으로 하여 모든 일이 이뤄지기 때문에, 몸을 닦는 기초가 자신에게 진실하게 하는 데에 있다는 결론을 내리고 있다. 그것은 바로 성誠이라는 하나일 뿐이라고 했다. 주자는 성誠은 '진실무망眞實無妄하고 천리天理의 본연이며 인사의 당연함'이라고 주석했다. 이것은 진실하고 망령됨 없이 인간 사회에서 당연히 행해야 할 도리를 말하는 것이다. '천리의 본연'은 하늘의 이치가 가진 본래의 모습을 말한다. 하늘의 이치는 온 우주 공간에 가득 차 있으니, 춘하추동春夏秋冬의 계절과 낮과 밤의 순환을 통하여 조금도 어긋남 없이 운동이 계속된다. 동물과 식물, 자연계에서 생활하는 천하의 만물이 다 그의 본성에 따라 이치대로 살게 하며 하나의 망령됨도 없다. 이것이 '하늘의 성誠'인 것이다. 제1장에서 '천명지위성天命之謂性'은 인간이 하늘에서 받은 진실 무망眞實無妄한 성性이었다. 이 진실 무망한 성이 사회생활에서 인욕人慾과 사욕私慾의 침범으로 인간 본연의 순수성을 잃어 밝은 덕이 가려져서 거울에 먼지가 낀 것같이 된다. 이것을 다시 갈고 닦아 지나침도 없고 미치지 못함도 없으며 편벽됨도 없는 중용의 덕으로 가는 것이 '천리 본연의 성誠'으로, 곧 인간이 노력하는 '성지자(誠之者: 진실해지려고 노력함)'인 것이다. 그러므로 공명정대公明正大하고 공평무사公平無私한 '중용의 덕'이란 오직 하나로, 곧 '성誠'뿐이라는 것을 공자는 깊이 강조하고 있다. 성자誠者와 성지자誠之者는 하늘과 인간의 표현이면서 성리학性理學에서 성誠과 경敬에 치중하는 심학心學의 근간根幹이 되는 것이며 유가儒家 철학의 최진수最眞髓이기도 한 것이다.

凡事[1] 豫則立하고 不豫[2]則廢하나니 言前定則不跲[3]하고 事前定則不困하고

行前定則不疚[4]하고 道前定則不窮이니라

在下位하여 不獲乎上이면 民不可得而治矣리라 獲乎上이 有道하니 不信乎朋友면 不獲乎上矣리라 信乎朋友有道하니 不順乎親이면 不信乎朋友矣리라 順乎親이 有道하니 反諸身不誠이면 不順乎親矣리라 誠身이 有道하니 不明乎善이면 不誠乎身矣리라

誠者[5]는 天之道也오 誠之者[6]는 人之道也니 誠者는 不勉而中하며 不思而得하여 從容中道하나니 聖人也오 誠之者는 擇善而固執之者也니라

凡事 指達道達德九經之屬 豫 素定也 跲 躓也 疚 病也 此承上文 言凡事皆欲先立乎誠 如下文所推是也

此又以在下位者 推言素定之意 反諸身不誠 謂反求諸身而所存所發 未能眞實而無妄也 不明乎善 謂不能察於人心天命之本然 而眞知至善之所在也

此承上文誠身而言 誠者 眞實無妄之謂 天理之本然也 誠之者 未能眞實無妄而欲其眞實無妄之謂 人事之當然也 聖人之德 渾然天理 眞實無妄 不待思勉而從容中道 則亦天之道也 未至於聖 則不能無人欲之私 而其爲德不能皆實 故未能不思而得 則必擇善 然後可以明善 未能不勉而中 則必固執 而後可以誠身 此則所謂人之道也 不思而得 生知也 不勉而中 安行也 擇善 學知以下之事 固執 利行以下之事也

〔무릇 일이 예豫하면 서고 예치 아니하면 폐廢하나니, 말이 앞에 정해지면 겁跲치 아니하고, 일이 앞에 정해지면 곤困치 아니하고, 행동이 앞에 정해지면 구疚치 아니하고, 도道가 앞에 정해지면 궁窮치 아니하느니라. 아랫자리에 있어 위에 획獲치 못하면 민民을 가히 얻어 다스리지 못하리라. 위에 획함이 도 있으니 붕우에게 믿게 하지 못하면 위에 획치 못하리라. 붕우에게 신용을 얻음이 도 있으니 어버이에게 순하지 못하면 붕우에게 신용을 얻지 못하리라. 어버이에게 순함이 도 있으니 몸에 반反하여 성誠치 못하면 어버이에게 순치 못하리라. 몸을 성히 함이 도 있으니

선에 밝지 못하면 몸을 성치 못하리라.

성誠이란 하늘의 도요, 성하려는 것은 사람의 도니, 성한 자는 힘쓰지 아니하여도 중中하며 생각하지 아니하여도 득得하여 종용從容히 도에 중하나니 성인聖人이요, 성해지려고 하는 자는 선을 가려 굳게 집執한 자니라.〕

※

1 凡事(범사): 달도達道, 달덕達德, 구경九經을 가리킨다.

2 不豫(불예): 미리 정하지 않다. '예豫'는 미리 정하다.

3 不跲(불겁): 넘어지지 않다.

4 不疚(불구): 꺼림칙하지 않다.

5 誠者(성자): 진실하고 망령됨이 없는 것. 하늘 본연의 이치. 하늘의 도를 말한다.

6 誠之者(성지자): 진실하고 망령됨이 없는 것에 능하지 못하지만 진실하고 망령됨이 없는 상태가 되려고 노력하는 것으로, 인사人事의 당연한 이치를 말한다. 곧 인간의 도道.

6. 남이 열 번 하면 나는 천 번 한다

널리 학문을 배우고 조목조목 자세히 묻고 신중하게 생각하며 분명히 분별하고 독실하게 행동해야 합니다.

배우지 않으려면 몰라도 기왕 배우려면 능통할 때까지 그만두지 말 것이며, 차라리 묻지 않으려면 몰라도 이왕 질문을 하려면 알 때까지 그만두지 말 것이며, 생각하지 않으려면 몰라도 한번 생각을 가지면 그것을 얻을 때까지 그만두지 말 것이며, 분별하지 않으려면 몰라도

이왕 분별을 하려고 하면 그것이 밝혀질 때까지 그만두지 말 것이며, 차라리 행동하지 않으려면 몰라도 이미 행동하려고 한다면 독실할 때까지 그만두지 말아야 하며, 남이 한 번에 능하면 나는 백 번을 연습하고, 남이 열 번에 능하면 나는 천 번을 연습하면 되는 것입니다. 과연 이 도를 능히 실행한다면 비록 어리석은 사람이라도 반드시 현명해질 것이며, 비록 연약한 사람이라도 반드시 굳세어질 것입니다.

◉ 집주에서 말했다.

박학과 심문과 신사와 명변과 독행은 '성지자誠之者'의 조목이다.

학문사변學問思辨은 선을 가려서 지知로 삼은 것이니 학이지學而知요, 독행篤行은 굳게 잡는 것으로 인仁을 삼은 것이니 이이행利而行이다. 정자程子는 '박학, 심문, 신사, 명변, 독행의 다섯 가지 가운데 한 가지만 폐지해도 학문이 아니다.'라고 했다.

군자의 학문은 하지 않으면 그만이지만 한다면 반드시 그 '성誠'을 필요로 하는 것이다. 그러므로 항상 그 공력을 100배나 더해야 한다. 이것은 '곤이지困而知 면이행勉而行'이며 용勇의 일이다.

명明은 택선擇善의 공功이고, 강强은 고집의 효과이다. 여씨呂氏는 말하기를 '군자가 배우는 것은 능히 기질을 변화시키기 위한 것일 뿐이다. 덕이 기질을 이기면 어리석은 자도 밝은 곳으로 나아가는 것이 가하고, 나약한 자도 강한 것으로 나아가는 것이 가하다. 덕이 기질을 능히 이기지 못하면 비록 배움에 뜻을 두었을지라도 또한 어리석은 자는 밝아지지 않고, 나약한 자는 능히 일어서지 못할 뿐이다. 대개 균선均善하여 악이 없는 것은 성性으로 사람이라면 다 동일하다. 어둡고 밝고 강하고 약한 것의 품성은 가지런하지 않은 것은 재(才: 재주)이며 사람마다 다른 것이다. 성지자誠之者는 그 동일한 바에서 돌이켜 그 다른 것을 변화시키는 것이다. 대저 아름답지 못한 자질을 변화시켜서 아름답게 하려면 공력을 100배 이상 더하지 않으면 족히 이루지 못하는 것이다. 현재의 거칠고 지리멸렬한 학문은 혹은 일으키고 혹은 중지시켜 그 아름답지 못한 자질을 변화시킨다고 하다가 능히 변화시키지 못하는데 이르면 천성이 아름답지 못해 배워서는 능히 변화시키지 못한다고 하는데, 이것은 스스로 포기하는 것에 과감하여 그 불인不仁이 됨이 심각하다.'라고 했다.

'성지자誠之者', 곧 진실해지려는 사람의 노력으로 다섯 가지를 들고 있으며 박학博學, 심문審問, 신사愼思, 명변明辨, 독행篤行을 더 구체적으로 풀이한 것이다. 배우면 반드시 알고 물으면 꼭 의문을 풀고 생각하면 반드시 얻고 분별하면 명백히 하고 행동할 때에는 독실하게 하여, 남이 한 번에 능하면 나는 백 번을 하고 남이 열 번에 능하면 나는 천 번을 한다는 이 방법을 되풀이한다면 학문하는 자는 성공하지 못할 자가 없을 것이다. 공자는 이 말로 노애공魯哀公의 질문에 대한 답변의 결론을 내렸는데 모든 것은 노력에 있다는 것을 특별히 강조한 내용이다. 이 노력은 곧 성실(誠實: 진실)에 있다는 것이다.

博學之하며 審問之하며 愼思之하며 明辨之하며 篤行之니라

有弗學이언정 學之인댄 弗能을 弗措也하며 有弗問이언정 問之인댄 弗知를 弗措也하며 有弗思언정 思之인댄 弗得을 弗措也하며 有弗辨이언정 辨之인댄 弗明을 弗措也하며 有弗行이언정 行之인댄 弗篤을 弗措也하여 人一能之

어든 己百之하며 人十能之어든 己千之니라

果能此道矣면 雖愚나 必明[1]하며 雖柔나 必强[2]이니라

此誠之之目也 學問思辨 所以擇善而爲知 學而知也 篤行 所以固執而爲仁 利而行也 程子曰 五者廢其一 非學也

君子之學 不爲則已 爲則必要其誠 故常百倍其功 此困而知 勉而行者也 勇之事也 明者擇善之功 强者固執之效 呂氏曰 君子所以學者 爲能變化氣質而已 德勝氣質 則愚者可進於明 柔者可進於强 不能勝之 則雖有志於學 亦愚不能明 柔不能立而已矣 蓋均善而無惡者 性也 人所同也 昏明强弱之稟不齊者 才也 人所異也 誠之者所以反其同而變其異也 夫不以美之質 求變而美 非百倍其功 不足以致之 今以鹵莽滅裂之學 或作或輟 以變其不美之質 及不能變 則曰天質不美 非學所能變 是果於自棄 其爲不仁甚矣

〔널리 배우며, 살펴 물으며, 신중히 생각하며, 밝게 분별하며, 독실하게 행할지니라. 배우지 아니함이 있을지언정 배울진댄 능치 못함을 조措치 아니하며, 묻지 아니함이 있을지언정 물을진댄 알지 못함을 조措치 아니하며, 생각하지 아니함이 있을지언정 생각할진댄 얻지 못함을 조措치 아니하며, 분별치 아니함이 있을지언정 분별할진댄 밝지 못함을 조措치 아니하며, 행치 아니함이 있을지언정 행할진댄 돈독치 못함을 조措치 아니하여 인人이 한 번에 능하거든 기己는 백 번을 하며, 인이 열 번에 능하거든 기는 천 번을 할지니라. 과연 이 도를 능히 하면 비록 우愚하나 반드시 명明하며, 비록 유柔하나 반드시 강强하느니라.〕

※

1 明(명): 택선擇善의 공용을 뜻한다.

2 强(강): 고집固執의 효험이다.

※ 이상은 제20장이다. 이 장은 공자의 말을 인용하여 순임금, 문왕, 무왕,

주공의 실마리를 이었고, 그 전해 오는 것이 일치되는 점을 거론해서 조치한 것이 또한 이와 같은 것을 밝혔을 뿐이다. 대개 비은費隱을 포괄하고 크고 작은 뜻을 겸하여 제12장의 뜻을 끝마쳤다. 이 장章 안에서 '성誠'을 비로소 자세하게 말했으며, 이른바 '성誠'이란 실제로 이 편의 추뉴(樞紐: 핵심)이다.

또 공자의 『가어家語』를 상고해 보니 또한 이 문장이 게재되어 있는데 『가어』의 문장에는 더욱 자세하게 기록되어 있다. '성공일야成功一也'의 문장 아래에는 '공왈자지언公曰子之言 미의지의美矣至矣 과인寡人 실고부족이성지야實固不足以成之也'라고 했다. 그러므로 그 아래에는 다시 '자왈子曰'로써 답변의 말을 일으켰는데 지금 이의 문사問辭가 없이 오히려 '자왈子曰'의 두 글자가 있는 것은 아마도 자사子思가 그 번거로운 문장을 깎아 편에 붙여서 삭제하고 다하지 않은 것으로 지금 마땅히 연문衍文이 되는 것이다. '박학博學' 이하는 『가어』에는 없다. 뜻하건대 저곳에 궐문闕文이 있는 것은 또한 이는 혹 자사가 보충한 바일 것이다.

上第二十章 此引孔子之言 以繼大舜文武周公之緖 明其所傳之一致 擧而措之 亦猶是爾 蓋包費隱 兼小大 以終十二章之意 章內語誠始詳 而所謂誠者 實此篇之樞紐也 又按 孔子家語 亦載此章 而其文尤詳 成功一也之下 有 公曰子之言美矣 至矣 寡人實固 不足以成之也 故其下復以 子曰 起答辭 今無此問辭 而猶有 子曰 二字 蓋子思刪其繁文以附于篇 而所刪有不盡者 今當爲衍文也 博學之 以下 家語無之 意彼有闕文 抑此或子思所補也歟

제3부 천지인天地人의 도道

모든 인간의 본성을 다할 수 있으면
천하 만물의 본성도 다할 수 있다.
천하 만물의 본성을 다할 수 있으면
하늘과 땅의 자연적인 변화와
자연적인 발육 성장發育成長의
오묘한 행사를 도울 수 있다.
하늘과 땅의 자연적인 변화와
자연적인 발육 성장의 오묘한 행사를 도울 수 있으면
하늘이나 땅과 더불어
모든 일에 동참하는 것이다.

제21장 성性과 교敎

1. 진실하면 밝혀진다

천지 자연의 진실에 의해 밝혀지는 것을 성(性: 성실한 자연의 이치)이라 이르고, 인간이 노력하여 학문을 갈고 닦아 자신의 진실을 명백히 밝혀서 성실해지는 것을 교敎라고 이르는 것이며 진실하면 밝아지고, 밝아지면 진실한 것이다.

◉ 집주에서 말했다.

자自는 유由이다. 덕이 진실하지 않은 것이 없고 밝은 것이 밝게 비추어 주지 않는 것이 없는 것은 성인의 덕이며 성性에서 둔 것으로 천도天道이다. 먼저 선善을 밝히고 뒤에 능히 그 선에 진실해지는 자는 현인賢人의 학문이며 가르침으로 말미암아 들어가는 인도人道이다. 성誠하면 밝아지지 않는 것이 없고 명明하면 곧 성誠에 이르는 것이 가한 것이다.

타고난 성품, 곧 안이행지(安而行之: 스스로 편안히 행함)의 성인은 자연적인 하늘의 진실로 말미암아 스스로 밝히고, 면강이행지(勉强而行

之: 힘써 행함)하는 현인은 학문을 연마하여 밝아지므로 진실해진다는 뜻이다. 이곳의 '성性'과 '교教'는 제1장 '천명지위성天命之謂性 수도지위교修道之謂教'와 그 뜻이 다르므로 유의해야 한다. 덕은 진실하지 않은 것이 없고 밝아지면 비추지 않는 곳이 없다. 성인의 덕은 성품에 둔 것으로, 이것을 대도大道라 한다. 먼저 선을 밝힌 후에 그 선을 진실하게 하는 것은 현인의 학문인데, 선을 가려 뽑아 고이 간직하는 것을 말한다. 이것은 가르침으로 말미암아 이뤄 나갈 수 있는 것이니, 인간의 도道를 열심히 닦아 성취되는 것이다. 그러므로 성실(誠實: 誠之者)하면 밝지 않은 곳이 없으며, 밝게 되면 진실에 스스로 이른다고 한 것이다.

自[1]誠明을 謂之性이오 自明誠을 謂之教니 誠則明矣오 明則誠矣니라

自 由也 德無不實而明無不照者 聖人之德 所性而有者也 天道也 先明乎善 而後能實其善者 賢人之學 由教而入者也 人道也 誠則無不明矣 明則可以至於誠矣

〔성誠으로 말미암아 명明함을 성性이라 이르고, 명明으로 말미암아 성誠함을 교教라 이르나니, 성誠하면 명明하고 명하면 성하느니라.〕

※

1 自(자): 말미암다. 그것으로부터.

※ 이상은 제21장이다. 자사가, 제20장에서 공자가 말한 천도인도天道人道의 뜻을 이어 말을 세운 것이다. 이하 제22장에서 제33장까지는 모두 다 자사의 말로, 제21장의 뜻을 반복하여 미루어 조명照明한 것이다.

上第二十一章 子思承上章夫子天道 人道之意而立言也 自此以下十二章 皆子思之言 以反覆推明此章之意

제22장 하늘·땅과 함께 하는 길

1. 인간의 본성은 다할 수 있다

오직 천하의 지극한 자연의 진실과 합치된 인간(人間: 聖人)의 진실만이 능히 자신의 본성을 다할 수 있다. 능히 자신의 본성을 다할 수 있으면 또 모든 인간의 본성도 다할 수 있다. 모든 인간의 본성을 다할 수 있으면 천하 만물의 본성도 다할 수 있다. 천하 만물의 본성을 다할 수 있으면 가히 하늘과 땅의 자연적인 변화와 자연적인 발육 성장의 오묘한 행사를 도울 수 있다.
가히 하늘과 땅의 자연적인 변화와 자연적인 발육 성장의 오묘한 행사를 도울 수 있으면 하늘이나 땅과 더불어 모든 일에 동참할 수 있는 것이다.

◉ 집주에서 말했다.

천하지성天下至誠은 성인의 덕이 충만하여 천하에서 능히 더하지 못하는 것을 이른 것이다. 진기성盡其性은 덕이 충만하지 않은 것이 없는 것이다.

그러므로 인욕人欲의 사사로운 것이 없고 천명天命이 나에게 있는 것을 살피고 그로 말미암아 크고 작고 정밀하고 거친 것에 털끝만큼도 다하지 않는 것이 없다. 인물의 성性은 또한 나의 성性이다. 다만 부여된 바의 형形과 기氣는 동일하지 않고 다른 것이 있을 뿐이다. 능진지자能盡之者는 지知의 밝지 않은 바가 없고 거처함에 마땅하지 않는 바가 없는 것을 이른 것이다. 찬贊은 조助와 같다. 여천지참與天地參은 하늘·땅과 더불어 나란히 서서 셋이 되는 것을 이른다. 이것은 '자성이명自誠而明'의 일이다.

자신의 본성을 다하고 덕이 충만되어 허실이 없을 때만 인간 세계에서 추호의 사심私心 없이 행동할 수 있고, 또 하늘의 명命이 자신에게 부여되었음도 알 수 있어 하늘의 명에 순응할 수 있다는 것이다. 이에 광대하고 미세하고 정밀하고 거친 것에 있어서도 그에 따른 행동에 추호秋毫도 빈틈없이 행동할 수 있다. 이로 인하여 천지의 조화에 동참할 수 있어, 발육시키고 성장시키고 전도시키고 사장死藏시키는 천지의 작업에 함께 할 수 있다는 것을 말했다. 지극한 성誠은 인간이 신神의 경지에 이르는 길로 '지성이감천至誠而感天'이라는 말과 상통한다 하겠다. 자사는 인간의 지성(至誠: 聖人)이 천지 자연의 지성(至誠: 眞實)과 합치合致될 때 이뤄지는 인사人事의 극치를 들어 제21장의 뜻을 부연한 것이다.

唯天下至誠이라야 爲能盡其性이니 能盡其性則能盡人之性이오 能盡人之性則能盡物之性이오 能盡物之性則可以贊[1]天地之化育이오 可以贊天地之化育則可以與天地參矣니라

天下至誠 謂聖人之德之實 天下莫能加也 盡其性者德無不實 故無人欲

之私 而天命之在我者 察之由之 巨細精粗 無毫髮之不盡也 人物之性 亦我之性 但以所賦形氣不同而有異耳 能盡之者 謂知之無不明而處之無不當也 贊 猶助也 與天地參 謂與天地並立而爲三也 此自誠而明者之事也

〔오직 천하의 지극한 성誠이라야 능히 그 성性을 다하나니, 능히 그 성을 다하면 능히 사람의 성을 다하고, 능히 사람의 성을 다하면 능히 물物의 성을 다하고, 능히 물物의 성을 다하면 가히 써 천지의 화육化育을 찬贊하고, 가히 써 천지의 화육을 찬하면 가히 써 천지와 더불어 참參하느니라.〕

⁂

1 贊(찬): 도와주다.

※ 이상은 제22장이다. 천도天道를 말한 것이다.

上第二十二章 言天道也

제23장 성誠의 법칙

1. 진실만이 교화시킬 수 있다

크게 어진 자〔大賢〕에서 보통 사람에 이르기까지는 한 부분에서부터 미루어 지극한 데에 이르는 것이므로 이 한 부분에도 진실함이 있는 것이다.
진실하면 그것이 안에 쌓여서 겉으로 나타나고, 그것이 안에 쌓여서 겉으로 나타나면 뚜렷해진다. 뚜렷해지면 덕德이 밝게 빛나고, 덕이 밝게 빛나면 사람들을 느껴 움직이게 할 수 있고, 사람들이 느껴 움직일 수 있게 하면 변變하게 되고, 변하게 되면 왜 그렇게 되어 가는지 알지 못하면서 변화되는 것이다. 오직 천하의 지극한 진실만이 능히 교화敎化시킬 수 있는 것이다.

◉ 집주에서 말했다.

기차其次는 대현大賢 이하의 전체가 무릇 성誠에 이르지 못하는 자가 있다는 것을 말한 것이다. 치致는 추치推致이다. 곡曲은 일편一偏이다.

형形은 중中에 쌓여서 밖으로 발發한 것이다. 저著는 또 더욱 나타나는 것이다. 명明은 또 광휘光輝가 빠르게 발산하여 성대함이 있는 것이다. 동動은 성誠이 능히 물物을 움직이는 것이다. 변變은 물物이 따라서 변하는 것이다. 화化는 그것이 그렇게 되는 까닭을 알지 못하는 바가 있는 것이다. 대개 사람의 성性은 동일하지 않은 것이 없지만 기氣인즉 다른 것이 있다. 그러므로 오직 성인만이 능히 그 성性의 전체를 들어서 다하는 것이다. 그 다음은 반드시 그 선의 단서가 발현하는 한편으로부터 다 미루어 이르러 각각의 그의 극極에 이르는 것이다. 곡(曲: 한 편. 한 부분)에라도 이르지 못하는 바가 없고 덕이 충만하지 아니함이 없으면 형상이 나타나고 움직여 변화하는 공로는 스스로 능히 중지되지 않고 쌓여서 능히 변화하는데 이르는 것이며, 곧 그 지성至誠의 묘妙 또한 성인과 다르지 않는 것이다.

이 문장은 인간의 도道를 말했다. 한 부분에서 출발하여 진실을 다하면 나타나고, 나타나면 뚜렷해지고, 뚜렷해지면 밝게 빛나고, 밝게 빛나면 움직이고, 움직이면 변화하고, 변화하면 교화되는 것으로, 천도天道나 인도人道는 지극한 도달처到達處에서는 일치一致한다는 것을 설명하고 있다.

其次[1]는 致曲[2]이니 曲能有誠이니 誠則形하고 形則著하고 著則明하고 明則動하고 動則變하고 變則化니 唯天下至誠이아 爲能化니라

其次 通大賢以下凡誠有未至者而言也 致 推致也 曲 一偏也 形者 積中而發外 著 則又加顯矣 明 則又有光輝發越之盛也 動者 誠能動物 變者 物從而變化 則有不知其所以然者 蓋人之性無不同 而氣則有異 故惟聖人能擧其性之全

體而盡之 其次則必自其善端發見之偏 而悉推致之 以各造其極也 曲無不致則德無不實 而形 著 動 變之功自不能已 積而至於能化 則其至誠之妙 亦不異於聖人矣

〔그 다음은 곡曲으로 치致하나니, 곡하면 능히 성誠함이 있나니, 성하면 형形하고, 형하면 저著하고, 저하면 명明하고, 명하면 동動하고, 동하면 변變하고, 변하면 화化하나니, 오직 천하의 지극한 성이라야 능히 화하느니라.〕

※

1 其次(기차): 대현大賢에서 중인衆人에 이르기까지 지성至誠의 경지에 이르지 못한 자를 말한다. 여기에서 '성誠의 경지에 이르지 못했다'는 것은 성인의 덕이 충만되지 못한 자를 말한다.

2 致曲(치곡): '곡曲'은 일편一偏의 뜻. 하나의 부분적인 것을 하나하나 이뤄나가는 것이다.

※ 이상은 제23장으로, 인도人道를 말한 것이다.

上第二十三章 言人道也

제24장 신과 같은 지성至誠

1. 진실은 신과 같은 것이다

천하의 지극한 진실의 도道는 앞날의 일을 미리 알 수 있는 것이다. 국가가 장차 융성隆盛하려고 할 때에는 반드시 상서祥瑞로운 조짐이 있으며 국가가 장차 패망敗亡하려고 할 때에는 반드시 흉한 조짐이 있어, 『주역周易』의 시초점蓍草占이나 거북껍데기로 점치는 점괘에 나타나며 인간의 예의禮儀에서 몸이나 손과 발을 움직이는 행동에 나타나는 것이다.
재앙과 큰 복이 장차 다가오는 데에는, 착하고 좋은 것을 반드시 먼저 알게 되며 좋지 않은 것도 반드시 먼저 알게 된다. 그러므로 지극한 진실은 항상 신과 같은 것이다.

◉ 집주에서 말했다.

정상禎祥은 복福의 조짐이다. 요얼妖孼은 재앙의 싹이다. 시蓍는 시초 줄기로 점을 치는 바이다. 귀龜는 거북껍데기로 점을 치는 것이다. 사체四

體는 동작과 위의威儀의 사이를 이르는 것이며 마치 옥玉을 잡는데 높고 낮은 자세와 용모에서 고개를 숙이고 쳐드는 행위와 같은 것이다. 무릇 이것은 모두 이치가 먼저 나타나는 것이다. 그러나 오직 성誠의 지극한 것은 털끝만큼의 사사로움이나 거짓이 없이 마음과 눈의 사이에 머물러 이에 능히 그의 기미를 살피는 것이 있는 것이다. 신神은 귀신을 이른다.

지성至誠의 도를 통달한 성인은 항상 사물의 앞날이나 천하 국가의 장래도 꿰뚫고 있음을 말하고 있다. 그것은 자연계自然界에서 일어나는 현상으로 국가가 융성하려면 기린麒麟이나 봉황鳳凰 같은 상서로운 징조가 나타나고, 국가가 패망하려면 자연의 이변異變이 일어난다고 했다.

이러한 현상을 현대 사회에서는 자연계의 기상 이변이라고 치부해 버리지만 상고시대上古時代에는 절대신앙絶對信仰으로 믿어 왔다. 여기서 말하는 신은 종교계에서 말하는 신이나 잡신雜神과는 완전히 다른 것이다. 지성至誠의 도를 다하여 성인이 된 자를 말하는 것으로, 곧 자연계의 도인 화육성장化育成長을 주도할 수 있는 인간의 성자聖者이며 이를 신과 같이 여기는 것이다. 신이 실제로 있다는 뜻은 아니다. 천지의 조화와 자연의 변화가 운행運行되는 것을 귀신과 비교한 것뿐이다.

至誠之道는 可以前知이니 國家將興에 必有禎祥[1]하며 國家將亡에 必有妖孽[2]하여 見乎蓍龜[3]하며 動乎四體[4]라 禍福將至에 善을 必先知之하며 不善을 必先知之니 故로 至誠은 如神이니라

禎祥者 福之兆 妖孽者 禍之萌 蓍 所以筮 龜 所以卜 四體 謂動作威儀之間 如執玉高卑 其容俯仰之類 凡此皆理之先見者也 然唯誠之至極 而無一毫私僞留於心目之間者 乃能有以察其幾焉 神 謂鬼神

〔지성至誠의 도는 가히 써 전前에 아나니, 국가 장차 홍함에 반드시 정상禎祥이 있으며 국가 장차 망함에 반드시 요얼妖孼이 있어, 시蓍와 귀龜에 나타나며 사체四體에 동動하느니라. 화禍나 복福이 장차 이름에 선善을 반드시 먼저 알며, 불선不善을 반드시 먼저 아나니, 그러므로 지성은 신神과 같으니라.〕

❊

1 禎祥(정상): 복의 징조. 또는 길조吉兆.

2 妖孼(요얼): 재앙의 싹. 흉한 징조. 괴상한 나무, 괴상한 짐승, 변종된 새나 흉측한 짐승이 태어나는 것을 말한다.

3 蓍龜(시귀): 옛날에는 국가에 괴변이 있으면 시초(蓍草: 톱풀. 가새풀)로 점을 치고, 거북껍데기를 불에 그슬려 그 갈라지는 금으로 길흉吉凶을 판단하는 거북점을 쳤다.

4 四體(사체): 팔다리. 네 가지. 사람의 거동에 나타나는 상태. 곧 행동거지行動擧止에 나타나는 것을 말한다.

※ 이상은 제24장으로, 천도天道를 말한 것이다.

上第二十四章 言天道也

제25장 스스로 이루는 성誠

1. 도는 자기 스스로 가는 것이다

모든 진실(眞實: 誠)이라는 것은 스스로 이뤄지는 것이며, 도道라는 것은 자기 스스로 가는 것이다.

진실(誠)이라는 것은 모든 사물이 끝마치고 시작하는 것이다. 진실하지 않으면 만물은 없는 것이다. 이런 까닭으로 군자는 성誠을 가장 귀하게 여기는 것이다.

성誠이란 스스로를 성취시키는데 그치는 것만은 아닐 뿐이다. 세상 만물을 이루는 근본이 되는 것이다.

자신을 이루는 것은 넓고 넓은 인仁이요, 만물을 이루는 것은 넓고 넓은 인의 쓰임이며, 그것은 인간 본성의 덕이다. 이것은 안과 밖의 도를 합한 것이다. 그러므로 때에 따라 이것을 사용하는 것이 마땅한 것이다.

◉ 집주에서 말했다.

성誠은 사물이 스스로 이뤄지는 것이요, 도는 인간이 마땅히 스스로 행할 바임을 말했다. 성誠은 마음을 말한 것으로 근본이 되고, 도는 이치를 말한 것으로 쓰임이 된다.

천하의 사물은 모두 진실한 이치가 되는 바이다. 그러므로 반드시 이 이치〔理〕를 얻은 연후에 이 물物이 있다. 얻은 바의 이치를 이미 다하게 되면 이 물物은 또한 다해서 있지 않게 된다. 그러므로 사람의 마음에 하나라도 진실하지 아니한 것이 있게 되면 비록 하는 바가 있더라도 또한 있지 않은 것과 같은 것이다. 군자는 반드시 성誠으로써 귀한 것을 삼는다. 대개 사람의 마음은 능히 진실하지 아니함이 없고, 이에 노력해서 자성自成이 있게 되면 도는 나에게 있게 되어 또한 행해지지 않는 것이 없는 것이다.

성誠은 비록 자신을 성취시키는 바이나 그러나 이미 자성自成이 있게 되면 자연히 물物에 이르고 도 또한 저에게 행해지는 것이다. 인仁은 체體가 존재하는 것이고, 지知는 용用의 발단이다. 이것은 모두 나의 성性의 고유한 것이며 안과 밖의 다른 것이 없다. 이미 자신에게서 얻으면 일에 나타나는 것이며 때마다 사용하면 모두 그 마땅한 것을 얻게 된다.

천하의 사물은 모두 진실〔誠〕한 이치를 얻어서 이뤄졌다고 했다. 천하의 사물도 모두가 이 진실한 이치를 얻어서 이뤄진 것이라면 사물 자체에도 진실한 이치를 두었다고 볼 수 있다. 그러므로 인간의 마음에서 하나라도 진실하지 않은 것이 있다면 비록 모습은 인간 같을지라도 내면은 인간 같지 않아서 반드시 성誠을 귀하게 여기지 않을 것이다.

성誠이란 스스로 나를 이뤄 주는 것이 아니요, 자신이 닦아서 성으로 나아갈 따름이다. 스스로 이뤄지는 것은 사물일 뿐이다. 자신을 이루는 것은 인仁이요, 성誠은 아니다. 여기에서 성誠은 그냥 존재하는 성誠이며 천지 자연의 진실, 곧 천도天道의 순리를 말하는 것이다.

誠者[1]는 自成也오 而道[2]는 自道也니라

誠者는 物之終始니 不誠이면 無物이니 是故로 君子는 誠之爲貴니라

誠者는 非自成己而已也라 所以成物也니 成己는 仁也오 成物은 知也니 性之德也라 合內外[3]之道也니 故로 時措之宜也니라

言誠者物之所以自成 而道者人之所當自行也 誠以心言 本也 道以理言 用也

天下之物 皆實理之所爲 故必得是理 然後有是物 所得之理旣盡 則是物亦盡而無有矣 故人之心一有不實 則雖有所爲亦如無有 而君子必以誠爲貴也 蓋人之心能無不實 乃爲有以自成 而道之在我者亦無不行矣

誠雖所以成己 然旣有以自成 則自然及物 而道亦行於彼矣 仁者體之存 知者用之發 是皆吾性之固有 而無內外之殊 旣得於己 則見於事者 以時措之 而皆得其宜也

〔성誠은 스스로 성成한 것이요, 도는 스스로 도道한 것이니라. 성은 물物의 종終이며 시始이니, 성誠치 아니하면 물物이 없나니, 이런 고로 군자는 성誠하는 것을 귀히 여기느니라. 성은 스스로 기己를 성成할 따름이 아니라 써 물物을 성하는 바니, 기己를 성함은 인仁이요, 물을 성함은 지知이니 성性의 덕이라. 내외의 도를 합한 것이니, 고로 때로 조措함이 마땅하니라.〕

※

1 誠者(성자): 만물이 스스로 이뤄지는 것이며, 인간의 마음을 말한 것으로 우주의 근본이다.

2 而道(이도): 사람이 마땅히 스스로 행동하는 것이고 이치를 말한 것이며 용(用), 곧 쓰임을 말한 것.

3 合內外(합내외): 자신과 외물外物, 곧 자신과 사물을 가리킨다.

※ 이상은 제25장으로, 인도人道를 말한 것이다.

上第二十五章 言人道也

제26장 간단없는 지성至誠

1. 표현할 수 없는 것은 도이다

천하의 지극한 성誠은 잠시도 휴식함이 없다.
잠시도 휴식하지 않으므로 오래 계속되고, 오래 계속되므로 그 효험效驗이 나타난다. 그 효험이 나타나면 더욱 끝없이 멀어지고, 더욱 끝없이 멀어지면 넓고 넓어 더욱 두터워지고, 넓고 넓어 두터워지면 무한히 높고 밝아지는 것이다.
넓고 두터운 것은 천하의 만물을 싣기 위한 것이다. 높고 밝은 것은 천하의 만물을 싸고 덮기 위한 것이다. 더욱 멀고 오랜 것은 천하의 만물을 성취시키기 위한 것이다.
넓고 두터운 것은 우리가 사는 지구地球를 짝하고, 높고 밝은 것은 우리의 하늘을 짝하고, 더욱 멀고 오랜 것은 끝이 없는 것이다.
이와 같은 것은 나타내지 않아도 밝게 나타나고, 움직이지 않아도 변화되고, 아무런 하는 일이 없어도 스스로 이뤄지는 것이다.
하늘과 땅의 도는 한마디로 다 표현할 수 있으니, 만물이 생성되는 것이 둘이 아니요, 하나인 진실〔誠〕일 뿐이다. 다만 그 만물의 태어남을 예측하지 못할 뿐이다.

하늘과 땅의 도는 넓고 넓으며 두텁고 두터우며 높고 높으며 밝고 밝으며 멀고멀며 오래하고 오래도록 하는 것이다.

◉ 집주에서 말했다.

이미 헛되고 거짓이 없으며 스스로도 간단間斷하는 것이 없다.

구久는 중中에 항상하는 것이다. 징徵은 밖에 징험한 것이다.

'징칙徵則'에서 '고명高明'까지는 모두 밖에 징험한 것으로 말한 것이다. 정씨鄭氏가 이른바 '지성지덕至誠之德이 사방에 나타난 것이다.'라고 한 것이 이 뜻이다. 중中에 보존된 것이 이미 오래했다면 밖에 징험한 것이 더욱 유원悠遠하고 다함이 없는 것이다. 유원한 것이므로 그 쌓임이 넓고 넓으며 깊고 두텁다. 넓고 두터우므로 그의 발發하는 것은 높고 크며 광명한 것이다.

유구悠久는 곧 유원悠遠이며 내외內外를 겸해서 말한 것이다. 본래 유원한 것으로써 높고 두터운 것에 이른다. 높고 두터운 것은 또 유구한 것이다. 이것은 성인이 천지와 더불어 사용하는 것을 함께 하는 것을 말한 것이다.

'박후博厚'에서 '무강無疆'까지는 성인이 천지와 더불어 체體를 함께 한 것을 말한 것이다.

현見은 시示와 같다. 불현이장不見而章은 땅에 짝해서 말한 것이다. 부동이변不動而變은 하늘에 짝해서 말한 것이다. 무위이성無爲而成은 무강無疆을 말한 것이다.

'지성무식至誠無息'에서 '즉기생물則其生物 불측不測' 이하는 다시 천지로써 지성무식至誠無息의 공용功用을 밝혀 천지의 도는 한마디로써 다할 수가 있는데 그것은 '성이이誠而已'에 지나지 않는다는 것이다. 불이不貳는 성誠으로 하는 바이다. 성誠하므로 불식不息하고 생물의 많은 것은 그것이 그렇게 되는 바를 알지 못하는 것이 있다.

'박야博也'에서 '구야久也'는 천지의 도는 성誠 하나일 뿐이고 둘이 아니다. 그러므로 각각 그의 성대한 것이 지극하여 다음 문장에서는 생물의 공功이 있는 것을 말하고 있다.

자연계의 진실〔誠〕은 잠시도 단절되는 일이 없으며, 무궁무진無窮無盡 광대무변廣大無邊 영원영구永遠永久의 상태로 온 천하의 모든 것을 다 포함하고 있다. 이러한 상황에서는 나타내지 않아도 나타나고, 움직이지 않아도 변하고, 하는 것이 없어도 이루어진다는 것이다. 그러므로 하늘과 땅의 도를 인간이 한마디로 다 말할 수 있으니, 그 이치는 하나인 성誠이 있을 뿐이다. 이 성誠을 인간이 가져다가 노력하는 것일 뿐, 성誠이 인간을 성취시켜 주는 것은 절대 아니다. 자연계의 지성至誠과 인간이 노력하여 얻어지는 지성至誠이 합치하고 하나가 될 때 이것이 성인이 되는 길이요, 자연계의 신이 되는 길임을 제시하고 있다.

성誠이란 제25장에서도 언급했지만 자연 상태에 존재하는 것으로 자연 속에 존재하는 성(誠: 眞實)을 인간이 가져다가 진실해지려고 노력하는 것일 뿐이다. 이것을 쉽게 표현한다면 중용中庸의 덕이며, 모든 사물의 진리이며, 자연계의 합리合理라는 것을 부각시켰다.

故로 至誠은 無息[1]이니

不息則久[2]하고 久則徵[3]하고

徵則悠遠하고 悠遠則博厚하고 博厚則高明이니라

博厚는 所以載物也오 高明은 所以覆物也오 悠久는 所以成物也니라

博厚는 配地하고 高明은 配天하고 悠久[4]는 無疆이니라

如此者는 不見而章[5]하며 不動而變하며 無爲而成이니라

天地之道는 可一言而盡也니 其爲物이 不貳라 則其生物이 不測이니라

天地之道는 博也厚也高也明也悠也久也니라

既無虛假 自無間斷
久 常於中也 徵 驗於外也
此皆以其驗於外者言之 鄭氏所謂至誠之德 著於四方者是也 存諸中者 既久則驗於外者益悠遠而無窮矣 悠遠 故其積也 廣博而深厚 博厚 故其發也 高大而光明
悠久 卽悠遠 兼內外而言之也 本以悠遠致高厚 而高厚又悠久也 此言聖人與天地同用
此言聖人與天地同體
見 猶示也 不見而章 以配地而言也 不動而變 以配天而言也 無爲而成 以無疆而言也
此以下 復以天地明至誠無息之功用 天地之道 可一言而盡 不過曰誠而已 不貳所以誠也 誠故不息 而生物之多 有莫知其所以然者
言天地之道 誠一不貳 故能各極其盛 而有下文生物之功

〔고로 지성至誠은 식息함이 없으니 식치 아니하면 구久하고, 구하면 징徵하고, 징하면 유원悠遠하고, 유원하면 박후博厚하고, 박후하면 고명高明하느니라. 박후는 써 물物을 재載하는 바요, 고명은 써 물을 복覆하는 바요, 유구悠久는 써 물을 성成하는 바니라. 박후는 지地를 배配하고, 고명은 천天을 배하고, 유구는 강疆이 없느니라. 이와 같은 것은 현見치 아니해도 장章하며, 동動치 아니해도 변하며, 하는 것이 없이 성成하느니라. 천지의

도는 가히 한 말로 진盡할 것이니, 그 물物이 되는 것이 둘이 아닌지라 곧 그 물을 생生함이 측測치 못하느니라. 천지의 도는 박과 후와 고와 명과 유와 구니라.〕

※

1 無息(무식): 계속되어 간단間斷이 없다. 이어지다. 잠시도 쉬지 않다.

2 久(구): 중中에 오래하다.

3 徵(징): 밖으로 효험이 나타나다.

4 悠久(유구): 유원悠遠으로, 안과 밖을 겸한 것을 말한다.

5 不見而章(불현이장): 보이지 않아도 빛난다는 뜻. '현見'은 '나타나다'의 뜻이며 여기서는 '보이다'의 뜻.

2. 하늘·땅·산·물에는 많은 것이 있다

지금, 하늘이란 희미하게 반짝이는 것들이 많이 모여 있는 것이다. 그런데 그 무궁무진無窮無盡함에 이르면 해와 달과 크고 작은 많은 별들이 매여 있고, 온 우주의 만물이 그 품속에 덮여 있다.

땅이란 한 줌의 흙이 많이 쌓인 것이다. 그런데 그 넓고 넓으며 두텁고 두터움에 이르면 가장 높은 화산(華山: 중국 陝西省에 있는 높은 산)을 싣고 있으면서도 무겁게 여기지 않고, 하수河水와 바다를 거두어들이면서도 새지 않게 하며, 모든 사물을 싣고 있다.

산이란 주먹만한 크기의 감추어진 돌들이 많이 쌓여 있는 것이다. 그런데 그 넓고 큼에 이르면 풀과 나무가 자라고, 새와 짐승들이 집을 짓고 살며, 금·은·옥 같은 많은 보물들이 감추어져 있다.

물〔水〕이란 한 종지의 물이 많이 모인 것이다. 그런데 그 측량할 수 없는 데에 이르면 큰 자라와 악어와 교룡蛟龍과 용과 뭇 물고기와 자라들이 살며, 많은 진주와 산호 같은 재화財貨가 번식하고 있다.

『시경』 주송周頌 유천지명維天之命편에

'오직 하늘의 명령이여!

아아! 깊고 멀어 그치지 아니한다.'

라고 했으니, 생각해 보면 이것은 하늘이 하늘〔天〕 된 이유를 설명한 것이다.

또 『시경』 유천지명편에

'오라! 뚜렷하지 아니한가.

문왕文王이 갖춘 덕의 순일純一함이여.'

라고 했으니, 생각해 보면 이것은 문왕이 문왕 된 이유를 설명한 것이다. 이 모든 것은 다 한결같아 또한 그치지 아니하는 것이다.

◉ 집주에서 말했다.

소소昭昭는 반짝반짝 조금씩 밝은 것과 같다. 이것은 그의 한 곳만을 가리켜 말한 것이다. 그의 무궁한 곳에 이르면 제12장의 '급기지야及其至也'의 뜻과 같으며 대개는 전체를 들어서 말한 것이다. 진振은 수收이다. 권卷은 구區이다. 이 네 가지 조목은 모두 그 '불이不貳 불식不息'으로 말미암아 성대함에 이르러 생물의 뜻을 능히 발명시킨 것이다. 그러나 천지와 산천은 실제로 쌓고 또 쌓는 것으로 말미암지 않아도 뒤에 거대한 것이다. 독자讀者는 말로써 뜻을 해치지 않는 것이 가할 것이다.

시詩는 주송周頌 유천지명維天之命편의 시이다. 오於는 탄사歎辭이다. 목穆은 심원深遠이다. 불현不顯은 어찌 나타나지 않는 것인가와 말이 같은 것이다. 순純은 순일해서 섞이지 않은 것이다. 이 시를 인용해 지성무식至誠無息의 뜻을 밝힌 것이다. 정자程子는 '천도天道는 중지하지 않고 문왕은 천도에 순일해서 또한 그치지 않았다. 순일하면 두 가지가 없고 섞이는 것도 없다. 불이不已는 간단間斷하거나 선후가 없는 것이다.' 라고 했다.

자연계의 광대무변, 무궁무진을 자세히 재언급再言及해 도의 진실함을 설명하고, 성誠은 만물을 근원으로 삼고 있다는 것도 설명했다. 『시경』의 글을 인용해 지성불식至誠不息을 다시 강조함으로써 하늘의 도가 언제까지나 계속되고 있음을 착실히 밝혀 주고 있다.

今夫天이 斯昭昭[1]之多니 及其無窮也하여는 日月星辰이 繫焉하며 萬物이 覆焉이니라 今夫地 一撮土之多니 及其廣厚하여는 載華嶽而不重하며 振[2]河海而不洩하며 萬物이 載焉이니라 今夫山이 一卷石[3]之多니 及其廣大하여는 草木이 生之하며 禽獸居之하며 寶藏이 興焉이니라 今夫水 一勺之多니 及其不測하여는 黿鼉蛟龍魚鱉이 生焉하며 貨財殖焉이니라

詩[4]云 維天之命이 於穆[5]不已라하니 蓋曰天之所以爲天也오 於乎不顯가 文王之德之純[6]이여하니 蓋曰文王之所以爲文也니 純亦不已니라

昭昭 猶耿耿 小明也 此指其一處而言之 及其無窮 猶十二章及其至也之意 蓋擧全體而言也 振 收也 卷 區也 此四條 皆以發明由其不貳不息以致盛大而能生物之意 然天地山川 實非由積累而後大 讀者不以辭害意可也

詩周頌維天之命篇 於 歎辭 穆 深遠也 不顯 猶言豈不顯也 純 純一不雜也 引此以明至誠無息之意 程子曰 天道不已 文王純於天道 亦不已 純則無二無雜 不已則無間斷先後

〔이제 천天이 이 소소昭昭함의 많음이니 그 무궁함에 미쳐서는 일월과 성신이 매였으며, 만물을 복覆하였느니라. 이제 지地는 촬토撮土의 많음이니 그 광후廣厚함에 미쳐서는 화악華嶽을 재載하였으되 중重치 아니하며, 하해河海를 진振하였으되 설洩치 아니하며, 만물이 재載하였느니라. 이제 산山이 한 권석卷石의 많음이니 그 광대함에 미쳐서는 초목이 생하며, 금수禽獸가 거居하며, 보장寶藏이 흥興하느니라. 이제 수水는 일작一勺의 많음이니 그 측測치 못함에 미쳐서는 원타黿鼉와 교룡蛟龍과 어별魚鼈이 생生하며, 화재貨財가 식殖하느니라. 시詩에 이르되 천天의 명이 오於라 목穆하여 이已치 아니하는도다 하니 천天의 써 천이 된 바를 이르며, 오於라 현顯치 아니한가 문왕의 덕의 순純함이여 하니 문왕의 써 문왕이 된 바를 이름이니, 순純이 또한 이已치 아니함이니라.〕

⁂

1 昭昭(소소): 희미하게 반짝거리는 모양.

2 振(진): 거두다. 감싸다.

3 一卷石(일권석): 감추어진 한 개의 돌이라는 뜻. '권卷'은 감추다.

4 詩(시): 『시경』 주송周頌 유천지명維天之命편에 나오는 문장.

5 於穆(오목): '오於'는 감탄사. '목穆'은 깊고 멀다의 뜻.

6 純(순): 순일純一하다. 다른 것이 섞이지 않다.

※ 이상은 제26장으로, 천도天道를 말한 것이다.

上第二十六章 言天道也

제27장 큰 예는 3백, 작은 예는 3천

1. 성인의 도는 대단하다

대단히 크다! 성인의 도여!
양양洋洋하게 지상의 모든 사물을 키우고 보살피며, 그 높고 큼이 하늘 끝까지 다했다.
넉넉하고 여유 있으면서 거대하도다. 큰 예절은 3백 가지요, 작은 예(禮: 威儀)는 3천 가지로다.
이 모든 것은 그 사람〔聖人〕을 기다린 후에야 행해지는 것이다. 그러므로 '진실로 지극한 덕이 아니면 지극한 도道는 이루어지지 않는다.'고 말한 것이다.

◉ 집주에서 말했다.

대재성인지도大哉聖人之道는 하문下文의 두 구절을 포함해서 말한 것이다. 준峻은 고대高大이다. 이것은 도의 지극함은 지극히 크고 밖이 없다는 것을 말한 것이다.

우우優優는 충족해서 남음이 있다는 뜻이다. 예의禮儀는 경례經禮이다. 위의威儀는 곡례曲禮이다. 이 문장은 도가 지극히 작은 곳으로 들어가도 간단함이 없다는 것을 말한 것이다.

'대기인이후행待其人而後行'은 위의 두 문장의 구절을 모두 결론지은 것이다.

지덕至德은 그 사람을 이른 것이다. 지도至道는 상문上文의 두 구절을 가리켜 말한 것이다. 응凝은 취聚이며 성成이다.

천지 자연의 성誠과 성인의 도는 같이 합치되는 것으로, 인간의 생활에는 성인의 도가 필요하고 자연계에는 성誠이 존재한다. 그러므로 인간의 생활에는 관혼상제冠婚喪祭 같은 큰 예절 3백 가지를 마련하고, 일상의 생활에서 쓰이는 자질구레한 예절 3천 가지를 마련했는데, 이것은 천하의 백성이 올바른 길을 가게 하기 위해 성인이 제정한 것들이다. 그렇지만 이 모든 것은 그 사람, 곧 성인聖人이 도래到來해야 시행될 수 있음을 강조한 것이다.

大哉라 聖人之道여

洋洋[1]乎發育萬物하여 峻[2]極于天이로다

優優[3]大哉라 禮儀[4]三百과 威儀[5]三千이로다

待其人而後에 行이니라

故로 曰 苟不至德이면 至道不凝[6]焉이라하니라

包下文兩節而言

峻 高大也 此言道之極於至大而無外也

優優 充足有餘之意 禮儀 經禮也 威儀 曲禮也 此言道之入於至小而無間也

總結上兩節

至德 謂其人 至道 指上兩節而言 凝 聚也 成也

〔크다. 성인의 도여. 양양洋洋히 만물을 발육하여 준함이 천天에 극하였도다. 우우優優히 크다. 예의 3백과 위의 3천이로다. 그 사람을 기다린 후에 행하느니라. 고로 가로되 진실로 지극한 덕이 아니면 지극한 도가 응하지 아니한다 하니라.〕

❊

1 洋洋(양양): 넓고 가득 찬 모양.

2 峻(준): 높고 크다.

3 優優(우우): 넉넉하여 여유 있는 모양.

4 禮儀(예의): 경례經禮. 관혼상제에 대한 예절의 대강大綱.

5 威儀(위의): 곡례曲禮. 세목細目적인 일상생활에 대한 예절.

6 不凝(불응): 이뤄지지 않다의 뜻. 응凝은 취합聚合하다, 이루다의 뜻.

2. 도가 없을 때는 침묵하는 것이다

그러므로 군자는 덕성德性을 존중하고 받들어 가지며 학문의 길을 가는 것이다.

그 넓고 커다란 것을 이루려면 정밀하고 미세한 것까지 정성을 다하며, 높고 밝음을 다하여 중용中庸의 길로 가며, 옛 것을 잘 보존하고 익혀서 새로운 것을 알며, 두터운 것을 더욱 두텁게 하여 예절을 숭상하는 것이다.

이런 까닭으로 상관上官이 되어도 교만하지 않고, 하급下級의 직책을 맡아도 배반하지 않는 것이다. 나라에 도道가 있으면 그의 말이 받아들

여져 사용되어 나라가 일어서고, 나라에 도가 없으면 침묵함으로써 해를 입지 않고 자신을 보존하는 것이다.

『시경』 대아大雅 증민烝民편에 이르기를

'이미 밝고 또 지혜로워

그 자신을 보호한다.'

라고 했으니, 그것은 이를 두고 이른 말이다.

◉ 집주에서 말했다.

존尊은 공경하고 받들어 가진다는 뜻이다. 덕성德性은 내가 하늘의 바른 이치를 받은 바이다. 도道는 유由이다. 온溫은 심온(燖溫: 데워 따뜻하게 함)의 온溫과 같은 것으로 옛 학문을 이르는 것이며, 다시 때때로 익히는 것이다. 돈敦은 두텁게 더하는 것이다. '존덕성尊德性'은 마음을 보존하여 도체道體의 큰 것을 다하는 것이요, '도문학道問學'은 앎을 이루어 도체의 세밀한 부분을 다하는 것이다. 이 두 가지는 덕을 닦고 도를 이루는 대단원이다. 털끝만큼의 사사로운 뜻으로 스스로를 가리지 않고, 털끝만큼의 사사로운 욕심으로 스스로를 더럽히지 않으며, 자신이 아는 바를 함영涵泳하고, 자신이 능한 바를 돈독히 하는 것이다. 이것은 모두 존심存心의 공부에 속한다. 이치를 분석하면 호리毫釐의 어긋남도 없고, 일을 처결할 때에는 과불급過不及의 오류가 없으며, 의로 다스리면 날마다 그 알지 못하는 바를 알 수 있으며, 문文으로 절節하면 날마다 삼가지 않은 바를 삼가게 된다. 이것은 모두 치지致知의 공부에 속한다. 대개 마음을 보존하지 않으면 지(知: 앎)를 이룰 수 없고, 마음을 보존시키면 또 가히 써 앎에 이르지 아니치 못할 것이다. 그러므로 '존덕성이도문학尊

德性而道問學'에서 '돈후이숭례敦厚以崇禮'까지 이 다섯 구절은 크고 작은 것이 서로 돕고 머리와 꼬리가 서로 응하는 것이며, 성인과 현인이 입덕入德의 방법을 보이는 바가 이것보다 자세한 것이 없다. 배우는 자들은 마땅히 마음을 다할 것이다.

흥興은 흥기興起해 지위에 있는 것을 이른다. 시詩는 대아大雅 증민烝民편의 시이다.

지극한 도는 지극한 덕이 아니면 이룰 수 없다고 말하고 계속하여 지극한 덕을 성취하는 방향을 제시하고 있다.

故로 君子는 尊德性[1]而道問學[2]이니 致廣大而盡精微하며 極高明而道中庸하며 溫故[3]而知新하며 敦厚以崇禮니라

是故로 居上不驕하며 爲下不倍[4]라 國有道에 其言이 足以興[5]이오 國無道에 其默이 足以容이니 詩[6]曰 旣明且哲하여 以保其身이라하니 其此之謂與인저

尊者 恭敬奉持之意 德性者 吾所受於天之正理 道 由也 溫 猶燖溫之溫 謂故學之矣 復時習之也 敦 加厚也 尊德性 所以存心而極乎道體之大也 道問學 所以致知而盡乎道體之細也 二者脩德凝道之大端也 不以一毫私意自蔽 不以一毫私欲自累 涵泳乎其所已知 敦篤乎其所已能 此皆存心之屬也 析理則不使有毫釐之差 處事則不使有過不及之謬 理義則日知其所未知 節文則日謹其所未謹 此皆致知之屬也 蓋非存心無以致知 而存心者又不可以不致知 故此五句 大小相資 首尾相應 聖賢所示入德之方 莫詳於此 學者宜盡心焉

興 謂興起在位也 詩大雅烝民之篇

〔고로 군자는 덕성을 존尊하고 문학問學을 도道하나니, 광대廣大를 치致하고 정미精微를 진盡하며, 고명高明을 극極하고 중용을 도道하며, 고故를 온溫하고 신新을 지知하며, 후厚를 돈敦하여 써 예禮를 숭崇하느니라.

이런 고로 위에 거居하여 교驕치 아니하며, 아래 되어 배倍치 아니하느니라. 나라에 도道 있으면 그 말이 족히 써 흥興하고, 나라에 도 없으면 그 묵默이 족히 써 용容하나니, 시詩에 가로되 이미 명明하고 또 철哲하여 써 그 몸을 보保한다 하니 그 이것을 이름인저.〕

※

1 尊德性(존덕성): 덕성德性은 자신이 하늘에서 받은 바른 이치. 곧 자신이 타고난 덕성을 높임. 존尊은 공경봉지恭敬奉持의 뜻.

2 道問學(도문학): 도道는 '말미암다'의 뜻. 학문의 길을 가다.

3 溫故(온고): 옛 것을 익히다. 옛 것을 간수하다. 선왕先王이나 선현先賢들의 행적을 따르고 보존하다.

4 不倍(불배): 배倍는 '배背'와 같은 뜻. 배반하지 않다, 잘 복종하다의 뜻.

5 興(흥): 등용하여 그 위치에 있게 되다.

6 詩(시): 『시경』 대아大雅 증민烝民편에 나오는 문장.

※ 이상은 제27장으로, 인도人道를 말한 것이다.

上第二十七章 言人道也

제28장 천하의 행동 윤리

1. 천자가 아니면 예의를 제정하지 못한다

공자가 말했다.

"어리석으면서도 스스로 쓰이기를 좋아하고, 천박하면서도 스스로 전횡하기를 좋아하고, 오늘날의 세상에 태어나서 옛날의 도道로 돌아가려 한다면, 이와 같은 사람은 재앙이 반드시 그의 몸에 미치게 될 것이다."

천자(天子: 皇帝)가 아니면 예의를 논의하지 못하고, 모든 규범을 제정하지 못하고, 문자文字를 고정考定하지 못하는 것이다.

지금 중국의 천하는 수레의 궤폭軌幅을 같이하며, 문자를 같이하며, 행동하는 윤리를 같이하고 있다.

◉ 집주에서 말했다.

'자왈子曰'에서 '재급기신자야烖及其身者也'까지의 문장은 공자의 말이며 자사가 인용해서 반복한 것이다.

'비천자非天子'에서 '행동륜行同倫'까지의 문장은 자사의 말이다. 예禮는 친하고 소원하고 귀하고 천한 사람이 서로 접接하는 예이다. 도度는 품제品制이다. 문文은 서명書名이다.

금今은 자사가 스스로 당시의 시대를 이른 것이다. 궤軌는 수레바퀴의 궤도이다. 윤倫은 차서次序의 체體이다. 세 가지가 모두 동일하다고 한 것은 천하가 하나로 통일된 것을 말하는 것이다.

공자가 어리석다고 한 것은 지극한 덕을 갖춘 성인 이외의 뭇 사람을 가리킨 것이다. 또 천賤하다고 한 것은 천자 이외의 모든 사람을 가리킨 것이다. 앞에 있는 공자의 말을 자사가 인용하여 자신의 의견을 피력했다. '비천자非天子'부터는 자사의 말인데, 이 부분은 결문缺文되었으며, 진秦나라 이후에 일부 학자들이 보충시켰다는 이론異論이 제기되고 있는 곳이기도 하다.

子曰 愚而好自用하며 賤而好自專이오 生乎今之世하여 反古之道면 如此者는 烖及其身者也니라

非天子면 不議禮하며 不制度[1]하며 不考文[2]이니라

今天下車同軌[3]하며 書同文하며 行同倫[4]이니라

以上 孔子之言 子思引之反復也

此以下 子思之言 禮 親疎貴賤 相接之體也 度 品制 文 書名

今 子思自謂當時也 軌 轍迹之度 倫 次序之體 三者皆同 言天下一統也

〔자 가라사대 우愚하고 자용自用함을 좋아하고, 천賤하고 자전自專함을 좋아하고, 지금 세상에 나서 옛 도를 반反하려 하면, 이와 같은 자는 재烖가 그 몸에 미칠 자니라. 천자가 아니면 예禮를 의議치 못하며, 도度를

제制치 못하며, 문文을 고考치 못하느니라. 이제 천하의 거車는 궤軌를 동同하며, 서書는 문文이 동하며, 행行은 윤倫이 동하니라.]

※

1 度(도): 품제品制. 법도. 제도.

2 文(문): 서명書名. 글자를 고정考定함.

3 同軌(동궤): 수레바퀴가 서로 같다. 규격이 같다.

4 同倫(동륜): 차서次序의 체體가 같다. 예절이 같다.

2. 덕이 있으면 지위도 얻게 된다

비록 그러한 지위地位를 얻었을지라도 진실로 그러한 덕을 갖추지 못하면 감히 예禮와 악樂을 제정하지 못하며, 비록 그러한 덕을 두었더라도 진실로 그러한 지위를 확보하지 못하면 또한 감히 예와 악을 제정하지 못하는 것이다.

공자가 말했다.

"나는 하夏나라의 예의를 말할 수 있지만 기杞나라만으로는 하나라의 예의를 증명해 보이기는 부족하고, 나는 은殷나라의 예의를 배웠지만 오직 송宋나라가 명맥만 유지하고 있을 뿐이며, 나는 주周나라의 예의를 배웠는데 지금 쓰이고 있다. 나는 주나라 예의를 따르리라."

◉ 집주에서 말했다.

정씨鄭氏는 '작례악作禮樂이라는 것은 반드시 성인聖人이 천자의 자리에 있는 것을 말한다.'라고 했다.

'자왈子曰' 이하의 문장은 또 공자의 말을 인용한 것이다. 기杞는 하(夏:禹)나라의 후예이다. 징徵은 증證이다. 송宋나라는 은殷나라의 후예이다. 삼대三代의 예는 공자가 모두 일찍이 배워 능히 그 뜻을 말할 수 있다. 다만 하례夏禮는 이미 고증하는 것이 불가하고, 은례殷禮는 비록 보존되었으나 또 당세當世의 법이 아니다. 오직 주례周禮만이 이에 당시 왕조의 제도이며 오늘날에 사용되는 바이다. 공자가 이미 지위를 얻지 못했으니 주나라를 따를 뿐이다.

지극한 덕을 갖추었더라도 그 지위가 없으면 예禮와 악樂을 제정할 수 없고, 그 지위에 있을지라도 덕이 없으면 예와 악을 제정할 수 없다고 자사는 논하고, 공자의 말을 다시 인용해 현실에 충실할 것을 강조한 것이다.

공자는 덕으로는 성인이었지만 천자의 지위를 얻지 못했기 때문에 예와 악을 제정하지 않았고 고치지도 않았으며, 그렇다고 옛 왕조의 제도를 따른 것도 아니었고, 자신이 처해 있는 주나라 왕조의 제도를 따랐던 것이다. 이것이 아래 지위에 있으면서 배반하지 않은 것이다.

雖有其位나 苟無其德이면 不敢作禮樂[1]焉이며 雖有其德이나 苟無其位면 亦不敢作禮樂焉이니라

子曰 吾說夏[2]禮나 杞[3]不足徵也오 吾學殷[4]禮하니 有宋[5]이 存焉이어니와 吾學周[6]禮하니 今用之라 吾從周하리라

鄭氏曰 言作禮樂者 必聖人在天子之位

此又引孔子之言 杞 夏之後 徵 證也 宋 殷之後 三代之禮 孔子皆嘗學之而能言其意 但夏禮既不可考證 殷禮雖存 又非當世之法 惟周禮乃時王之制 今日所用

孔子旣不得位 則從周而已

〔비록 그 위位가 있으나 진실로 그 덕이 없으면 감히 예악을 작作치 못하며, 비록 그 덕이 있으나 진실로 그 위位가 없으면 또한 감히 예악을 작作치 못하느니라. 자 가라사대 나는 하夏의 예禮를 설說하나 기杞로는 족히 징徵치 못하며, 나는 은殷의 예를 학學하니 송宋이 있어 존存하거니와, 나는 주周의 예를 학하니 이제 쓰는지라, 나는 주를 따르리라.〕

※

1 禮樂(예악): 예절과 음악.

2 夏(하): 우禹임금이 세운 나라의 이름.

3 杞(기): 주周나라가 우임금을 제사 지내도록 세운 제후국.

4 殷(은): 탕왕湯王이 하夏나라의 걸왕桀王을 정벌하고 세운 나라. 상商나라라고도 함.

5 宋(송): 주나라가 탕왕을 제사 지내도록 후손을 봉한 제후국.

6 周(주): 문왕의 뒤를 이은 무왕武王 발發이 은나라의 주왕紂王을 정벌하고 세운 나라.

※ 이상은 제28장이다. 제27장의 '위하불배爲下不倍'를 이어서 말했으며, 또한 인도人道를 말한 것이다. '자왈子曰' 이하의 문장은 『논어』의 팔일八佾편에도 나와 있다.

上第二十八章 承上章爲下不倍而言 亦人道也

제29장 치국의 요체

1. 지위가 있어야 다스릴 수 있다

천하의 왕노릇을 하는 데에 가장 중요한 세 가지가 있는데, 이 세 가지를 시행하면 큰 과실은 없을 것이다.

전 왕조前王朝의 모든 것이 비록 훌륭할지라도 그것을 증명할 수가 없다. 증명할 수 없는지라 믿으려 하지 않는다. 믿으려 하지 않는지라 백성이 추종하지 않는다. 지위를 얻지 못한 자〔聖人〕의 자질이 비록 훌륭하더라도 높은 지위가 없다. 지위가 없는지라 믿으려 하지 않는다. 믿으려 하지 않는지라 백성이 추종하지 않는다.

그러므로 군자의 도는 자신의 몸에 근본 하여 모든 백성에게 직접 징험을 보이며, 하夏·은殷·주周의 군왕인 우임금·탕왕·문왕·무왕에게 고증하여 그릇됨이 없으며, 하늘과 땅에 세워도 거스름이 없으며, 자연의 도리인 귀신鬼神에게 물어 보아도 의심이 없으며, 앞으로의 백세百世 뒤에 오는 성인聖人을 기다려서도 의혹됨이 없는 것이다.

자연계의 진실인 귀신에게 물어 보아도 의심이 없는 것은 하늘을 아는 것이요, 백세百世 뒤의 성인을 기다려서도 의혹됨이 없는 것은 사람을 아는 것〔知人〕이다.

◉ 집주에서 말했다.

여씨呂氏는 '삼중三重은 의례議禮, 제도制度, 고문考文을 이른다.'라고 했다. 오직 천자만이 얻어서 행하면 국가에는 정사가 다르지 않고, 가정에는 풍속이 다르지 않고, 사람은 허물이 적은 것을 얻을 것이다.

상언자上焉者는 당시의 왕조 이전으로 하夏나 상商의 예와 같은 것이며, 비록 그것이 좋지만 모두 고증하는 것이 불가한 것을 이른 것이다. 하언자下焉者는 성인이 아래에 있는 것이며 공자孔子와 같은 것으로 비록 예에 뛰어나지만 높은 지위에 있지 못한 것을 이르는 것이다.

이곳의 군자는 천하에 왕을 하는 자를 가리켜 말한 것이다. 그 도는 곧 의례, 제도, 고문의 일이다. 본제신本諸身은 그의 덕이 있는 것이다. 징제서민徵諸庶民은 그 믿고 따르는 바를 징험한 것이다. 건建은 입立이다. 이곳에 서서 저곳에 참여하는 것이다. 천지는 도道이다. 귀신은 조화의 자취이다. '백세이사성인이불혹百世以俟聖人而不惑'은 이른바 성인이 다시 일어나도 나의 말을 바꾸지 않는다는 것이다.

지천知天과 지인知人은 그 이치를 아는 것이다.

세 가지 중요한 것은 곧 의례, 제도, 고문을 말한다. 이 세 가지를 천자(天子: 君主)가 얻어 시행하면 국가의 정치가 바로잡히고, 가정의 풍속이 순화되고, 사람들은 허물이 적어질 것이라는 말이다. 또 옛 왕조의 제도는 비록 좋더라도 고증할 수가 없고, 아래 위치에 있는 자의 예의는 비록 좋더라도 그의 지위가 없으므로 믿음을 얻지 못한다고 한 것은 공자 같은 성인이 지위를 얻지 못한 것을 말한 것이다.

군자의 도는 자연계의 성誠과 합치되면 귀신이나 백세 후의 성인도 그것을 따르면서 의심하지 않는데, 그것을 지천知天·지인知人이라고 말한 것이다.

王天下有三重[1]焉이니 其寡過矣乎인저

上焉者[2]는 雖善이나 無徵이니 無徵이라 不信이오 不信이라 民弗從이니라

下焉者[3]는 雖善이나 不尊이니 不尊이라 不信이오 不信이라 民弗從이니라

故로 君子之道는 本諸身하여 徵諸庶民하며 考諸三王[4]而不謬하며 建諸天地而不悖하며 質諸鬼神[5]而無疑하며 百世以俟聖人而不惑이니라

質諸鬼神而無疑는 知天也오 百世以俟聖人而不惑은 知人也니라

呂氏曰 三重 謂議禮 制度 考文 惟天子得以行之 則國不異政 家不殊俗 而人得寡過矣

上焉者 謂時王以前 如夏商之禮雖善 而皆不可考 下焉者 謂聖人在下 如孔子雖善於禮 而不在尊位也

此君子 指王天下者而言 其道 卽議禮 制度 考文之事也 本諸身 有其德也 徵諸庶民 驗其所信從也 建 立也 立於此而參於彼也 天地者 道也 鬼神者 造化之迹也 百世以俟聖人而不惑 所謂聖人復起 不易吾言者也

知天知人 知其理也

〔천하 왕王하는 것에 세 가지 중重한 것이 있으니 그 허물이 적을진저. 상上인 자는 비록 선하나 징徵함이 없으니, 징함이 없는지라 신信치 아니하고, 신치 아니하는지라 민民이 좇지 아니하느니라. 하下인 자는 비록 선하나 존尊치 아니하니, 존치 아니한지라 신信치 아니하고, 신치 아니하는지라 민이 좇지 아니하느니라. 고로 군자의 도는 신身에 본本하여 서민에

징徵하며, 삼왕三王에 고考하여도 유謬치 아니하며, 천지에 건建하여도 패悖치 아니하며, 귀신에 질質하여도 의疑 없으며, 백세에 써 성인을 사俟하여도 혹惑치 아니하느니라. 귀신에 질하여도 의심이 없음은 천天을 아는 것이요, 백세에 써 성인을 기다려도 혹치 아니함은 인人을 아는 것이니라.〕

※

1 三重(삼중): 의례議禮, 제도制度, 고문考文을 가리킨다.

2 上焉者(상언자): 그 시대 이전의 하夏나라와 상商나라의 예의를 말한다.

3 下焉者(하언자): 성인이 지위를 얻지 못한 것을 말하는데, 공자가 예를 알되 그 위치를 얻지 못함과 같다.

4 三王(삼왕): 하夏·은殷·주周 삼대의 왕으로, 우禹·탕湯·문무文武를 말한다.

5 鬼神(귀신): 자연계가 이루는 조화의 자취. 곧 천지의 도인 성誠을 말한다.

2. 행동하면 천하의 법도가 된다

이런 까닭으로 군자는 한 번 움직이면 어느 세상에서나 천하의 도가 되는 것이다. 한 번 행동하면 어느 세상에서나 천하의 법도가 되며, 한 번 말하면 어느 세상에서나 천하의 준칙이 되는 것이다. 멀리 있으면 바라보게 되고, 가까이 있어도 싫어하지 않는 것이다.

『시경』 주송周頌 진로振鷺편에 이르기를

'저곳에서도 미워하지 않고

이곳에서도 싫어하지 않는지라.

거의 낮과 밤으로

마침내 길이 영예롭다네.'

라고 했으니, 군자로서 이와 같이 하지 않고서 일찍이 자신의 영예를 천하에 길이 누린 자가 있지 않았다.

◉ 집주에서 말했다.

동動은 언행言行을 겸해서 말한 것이다. 도道는 법칙을 겸해서 말한 것이다. 법은 법도이다. 칙則은 준칙準則이다.

시詩는 주송周頌 진로振鷺편의 시구이다. 역射은 염厭이다. 이른바 이것은 '본제신本諸身' 이하 여섯 가지 일을 가리켜 말한 것이다.

앞 문장에서 지천知天·지인知人을 군자의 도의 극치로 이야기하고, 도의 극치를 이룬 군자는 그의 도가 곧 천하의 도가 되고 그의 행동이 천하의 법이 되고 그의 말이 천하의 법칙이 되어, 멀리 있으면 우러르고 가까이 있어도 싫증을 느끼지 않는다고 했다. 이런 사실을 설명하면서 『시경』에 있는 한 편의 구절을 인용하여 군자가 이 세상에서 영예를 누리는데 절정에 이르는 모습을 들어서 그 결론을 지었다.

是故로 君子는 動而世爲天下道니 行而世爲天下法[1]하며 言而世爲天下則[2]이라 遠之則有望이오 近之則不厭이니라

詩[3]曰 在彼無惡하며 在此無射[4]이라 庶幾夙夜하여 以永終譽라하니 君子未有不如此而蚤有譽於天下者也니라

動 兼言行而言 道 兼法則而言 法 法度也 則 準則也
詩周頌振鷺之篇 射 厭也 所謂此者 指本諸身以下六事而言

〔이런 고로 군자는 동動하면 세世로 천하에 도道 되나니, 행하면 세로

천하의 법이 되며, 언言하면 세로 천하의 칙則이 되는지라, 원遠하면 망望하는 것이 있고, 근近하면 염厭치 아니하느니라. 시詩에 가로되 저곳에 있어 미워함이 없고 이곳에 있어 싫어함이 없는지라. 거의 숙야夙夜하여 써 예譽를 길이 종終타 하니, 군자 이 같지 아니하고 일찍이 예를 천하에 둔 자 있지 아니하느니라.〕

※

1 天下法(천하법): 천하에 통용될 수 있는 법도法度.

2 天下則(천하칙): 천하에 통용될 수 있는 준칙準則.

3 詩(시): 『시경』 주송周頌 진로振鷺편에 나오는 문장.

4 無射(무역): '사射'는 '역'으로 발음하며, '싫어하는 것이 없다'의 뜻.

※ 이상은 제29장이다. 제27장의 '거상불교居上不驕'의 뜻을 이어 또한 인도人道를 논한 것이다.

上第二十九章 承上章居上不驕而言 亦人道也

제30장 하늘과 땅의 위대함

1. 위로는 하늘의 때를 본받았다

공자(孔子: 仲尼)는 요임금과 순임금을 조종祖宗으로 이어받고, 주나라의 문왕과 무왕의 법도法度를 이어서 밝혔으며, 위로는 천시天時를 본받고, 아래로는 물과 흙의 일정한 이치를 따랐다.

이것을 비유하면 하늘과 땅이 붙잡아 주고 실어 주지 않는 것이 없으며, 덮어 주고 감싸 주지 않는 것이 없는 것과 같다. 또 비유하면 춘하추동이 계속 순행하는 것과 같고, 해와 달이 번갈아 밝혀 주는 것과 같은 것이다.

천하의 만물은 함께 자라지만 서로 해치지 않고, 도는 함께 행해져도 서로 거스르지 않는 것이다.

작은 덕은 시냇물처럼 흘러내리고, 큰 덕은 돈후敦厚하게 교화시키는 것이다. 이는 하늘과 땅이 위대爲大한 까닭인 것이다.

◉ 집주에서 말했다.

조술祖述은 그 도를 멀리까지 높이는 것이다. 헌장憲章은 그 법을 가까이에서 지키는 것이다. 율천시律天時는 그 자연의 운행을 법하는 것이다. 습수토襲水土는 그 일정한 이치를 따라 모두 내외를 겸하고 본말本末을 갖추어 말한 것이다.

착錯은 질迭과 같다. 이것은 성인의 덕을 말한 것이다.

패悖는 배背와 같다. 하늘은 덮어 주고 땅은 실어 주어 만물이 나란히 그 사이에서 육성되고 서로 해치지 않는다. 네 계절에 해와 달은 번갈아 행하고 번갈아 밝게 해서 서로를 거스르지 않는 것이다. 해치지도 않고 거스르지도 않는 바는 소덕小德의 천류川流이고, 나란히 육성하고 나란히 행하는 바는 대덕大德의 돈화敦化이다. 소덕은 전체에서 분리된 것이고, 대덕은 만 가지 다른 것의 근본이다. 천류川流는 흘러가는 천川은 맥락이 분명하고 흘러가는 물이 휴식하지 않는 것과 같은 것이다. 돈화敦化는 그 변화를 두텁게 하여 근본이 성대해서 나가는 것이 끝이 없는 것이다. 이것은 천지의 도를 말한 것이며 상문上文의 비유의 뜻을 취한 것을 나타낸 것이다.

성인의 도는 자연의 성誠과 일치한다는 것을 자사子思는 강조하고 있다. 여기서 소덕小德은 전체의 근본이요, 대덕大德은 만 가지 다른 것의 근본이 된다. 소덕은 서로 해치지 않고 서로 거스르지 않아서 흐르는 냇물과 같고, 대덕은 함께 육성하고 함께 행동하여 덕을 두터이 변화시키는 것이라고 주희朱熹는 설명했다.

仲尼는 祖述[1]堯舜하시고 憲章[2]文武하시며 上律天時[3]하시고 下襲水土[4]하시니라

辟如天地之無不持載하며 無不覆幬하며 辟如四時之錯行[5]하며 如日月之代明이니라

萬物이 竝育而不相害하며 道 竝行而不相悖라 小德은 川流오 大德은 敦化니 此 天地之所以爲大也니라

祖述者 遠宗其道 憲章者 近守其法 律天時者 法其自然之運 襲水土者 因其一定之理 皆兼內外該本末而言也

錯 猶迭也 此言聖人之德

悖 猶背也 天覆地載 萬物並育於其間而不相害 四時日月 錯行代明而不相悖 所以不害不悖者 小德之川流 所以並育並行者 大德之敦化 小德者 全體之分 大德者 萬殊之本 川流者 如川之流 脉絡分明而往不息也 敦化者 敦厚其化 根本盛大而出無窮也 此言天地之道 以見上文取譬之意也

〔중니仲尼는 요순을 조술祖述하시고, 문무를 헌장憲章하시며, 위로는 천시天時를 율律하시고, 아래로는 수토水土를 습襲하시니라. 비辟컨대 천지의 지재持載치 아니함이 없으며 복도覆幬치 아니함이 없음 같으며, 비컨대 사시四時의 착錯하여 행하는 것 같으며 일월日月의 대代하여 명明한 것 같으니라. 만물이 아울러 육育하여 서로 해害치 아니하며, 도道 아울러 행하여 서로 패悖치 아니하는지라, 소덕小德은 천川의 흐름이요, 대덕大德은 화化를 돈敦하는 것이니, 이 천지의 써 큰 것이니라.〕

※

1 祖述(조술): 그의 도를 조종祖宗으로 삼아 이어받다.

2 憲章(헌장): 가까운 것의 그 법을 지키다. 법도로 삼아 밝히다.

3 律天時(율천시): 하늘의 운행을 본받다. 계절의 운행을 뜻한다.

4 襲水土(습수토): 하천과 육지의 이치를 따르다. 곧 물과 땅의 이치를 따르다.

5 錯行(착행): '착錯'은 번갈다. 번갈아가며 행하다.

※ 이상은 제30장으로, 천도天道를 말한 것이다.

上第三十章 言天道也

제31장 천하의 지성至聖

1. 총명과 지혜만이 지위에 군림한다

오직 천하의 지극한 성인이라야만 능히 총명하고 밝은 지혜를 가지고, 그의 지위에 맞게 군림할 수 있는 것이다.
너그럽고 여유로우며 온화하고 부드러워 족히 모든 것을 포용할 수 있으며, 강한 것을 발휘하고 뜻이 굳세서 족히 자신의 신념을 굳게 지킬 수 있으며, 가지런하고 장엄하고 알맞고 올발라 족히 공경하는 것이 있게 하며, 문채가 있고 조리가 있고 상세하며 자세히 살펴 족히 모든 분별이 있게 하는 것이다.

◉ 집주에서 말했다.

총명예지聰明睿知는 생지生知의 자질이다. 임臨은 위에 거처하고 아래에 군림하는 것을 이른다. 총명예지聰明睿知, 관유온유寬裕溫柔, 발강강의發强剛毅, 제장중정齊莊中正의 네 가지는 인의예지仁義禮智의 덕이다. 문文은 문장文章이다. 이理는 조리條理이다. 밀密은 상세詳細이다. 찰察

은 명변明辨이다.

오직 천하의 지극한 성인, 곧 공자 같은 위대한 성인의 덕만이 천지 자연의 성誠과 통하여 천하의 모든 백성을 다스릴 수 있음을 설명하고 있는 것이다.

唯天下至聖이아 爲能聰明睿知 足以有臨[1]也니 寬裕溫柔 足以有容也며 發強剛毅 足以有執也며 齊莊中正이 足以有敬也며 文理[2]密察[3]이 足以有別也니라

聰明睿知 生知之質 臨 謂居上而臨下也 其下四者 乃仁義禮智之德 文 文章也 理 條理也 密 詳細也 察 明辨也

〔오직 천하의 지극한 성인이라야 능히 총聰하며 명明하며 예睿하며 지知하여 족히 써 임臨함이 있나니, 관寬하며 유裕하며 온溫하며 유柔하여 족히 써 용容함이 있으며, 발하고 강하며 강剛하고 의毅하여 족히 써 집執함이 있으며, 제齊하고 장莊하며 중中하고 정正함이 족히 써 경敬함이 있으며, 문文하며 이理하며 밀密하고 찰察함은 족히 써 별別함이 있느니라.〕

※

1 有臨(유림): 천자의 자리에 앉아 백성을 다스리는 것.

2 文理(문리): '문文'은 글이 빛나다, '이理'는 조리條理를 말한다. 문채文彩가 있고 조리가 있다는 뜻.

3 密察(밀찰): '밀密'은 상세하다. '찰察'은 밝게 분별하는 것.

2. 이것이 하늘에 짝하는 것이다

두루 미치고 넓고 넓으며, 고요하고 깊으며 샘물처럼 근본根本을 지니고 있어서 때때로 나타나는 것이다.
두루 미치고 넓고 넓은 것은 하늘과 같은 것이고, 고요하고 깊으며 샘물처럼 근본을 지니고 있는 것은 깊은 연못과 같은 것이다.
나타나면 백성이 공경하지 않는 자가 없고, 말을 하면 백성이 믿지 않는 자가 없으며, 행동을 하면 백성이 기뻐하지 않는 자가 없는 것이다.
이 때문에 그의 명성이 전 중국에 넘쳐흐르고 저 먼 곳의 오랑캐인 미개인들에게까지 미치게 된다. 그리하여 배〔舟〕와 수레가 갈 수 있는 곳과 인간의 힘이 통할 수 있는 곳과 하늘이 덮고 있는 모든 곳과 땅이 싣고 있는 모든 곳과 해와 달이 비추는 모든 곳과 서리와 이슬이 떨어지는 모든 곳에서 모든 혈기血氣를 소유한 자라면 존경하고 친근해지기를 바라지 않는 사람이 없게 될 것이다. 그러므로 이것을 하늘과 짝한다〔配天〕고 이르는 것이다.

◉ 집주에서 말했다.

부박溥博은 주편(周徧: 두루)하고 광활한 것이다. 연천淵泉은 고요하고 깊으며 근본이 있는 것이다. 출出은 발현發見한 것이다. 다섯 가지의 덕이 중(中: 속)에 충적充積되어서 때에 밖으로 발현하는 것을 말한 것이다. 그 충적된 것이 성대함이 지극해지면 마땅히 가하다는 것을 말한 것이다.

'주거소지舟車所至' 이하는 대개는 지극한 것을 말한 것이다. 배천配天은 그 덕이 미치는 바가 광대한 것이 마치 하늘과 같은 것을 말한 것이다.

천지의 도는 무한대無限大한 것을 설명하고, 성인의 덕은 곧 이 무한대한 하늘의 덕과 짝하여 모든 백성이 그를 흠모하지 않을 수 없음을 자사가 역설力說한 것이다.

溥博[1]淵泉[2]하여 而時出之니라

溥博은 如天하고 淵泉은 如淵이라 見[3]而民莫不敬하며 言而民莫不信하며 行而民莫不說이니라

是以로 聲名이 洋溢乎中國하여 施及蠻貊하여 舟車所至와 人力所通과 天之所覆와 地之所載와 日月所照와 霜露所隊[4]에 凡有血氣者 莫不尊親하니 故로 曰配天이니라

溥博 周徧而廣闊也 淵泉 靜深而有本也 出 發見也 言五者之德 充積於中而以時發見於外也

言其充積極其盛 而發見當其可也

舟車所至以下 蓋極言之 配天 言其德之所及 廣大如天也

〔부溥하고 박博하며 연淵하고 천泉하여 시時로 출出하느니라. 부박은 천天과 같고 연천은 연淵과 같은지라, 현見함에 민民이 공경치 아니할 이 없으며, 언言함에 민이 믿지 아니할 이 없으며, 행함에 민이 기꺼워하지 아니할 이 없으리라. 이로써 명성이 중국에 양일洋溢하여 만맥蠻貊에 시施하여 급及하여 주거舟車의 이르는 바와 인력의 통하는 바와 하늘의 복覆한 바와 지地의 재載한 바와 일월의 비추는 바와 상로霜露의 떨어지는

바에 무릇 혈기血氣 있는 자 존尊하며 친親치 아니할 이 없으니, 고로 가로되 천天을 배配함이니라.]

※

1 溥博(부박): 두루 미치고 넓은 것. 크고 넓다.

2 淵泉(연천): 고요하고 깊으며 근본이 있는 것.

3 見(현): 여기서는 '현'으로 발음하며 '나타나다'의 뜻.

4 隊(추): '추墜'로 발음하며 '떨어지다, 내리다'의 뜻.

※ 이상은 제31장이다. 제30장의 '소덕지천류小德之川流'의 뜻을 이어 말했으며, 또 천도天道를 말한 것이다.

上第三十一章 承上章而言小德之川流 亦天道也

제32장 천하의 진실

1. 이것은 성인만이 할 수 있는 것이다

오직 천하의 지극한 진실〔至誠〕만이 능히 천하의 다섯 가지 떳떳한 인륜人倫을 잘 시행할 수 있고, 천하의 큰 근본인 성인의 덕을 세울 수 있으며, 하늘과 땅이 만물을 변화시키고 육성시키는 것을 알 수 있다. 그 어찌 다른 어디에 의지할 바가 있겠는가?
간절히 이르는 것은 바로 인仁이며, 고요하고 깊은 것은 바로 연못이며, 넓고 넓은 그것은 바로 하늘이로다.
진실로 총명하고 성스럽고 지혜로워 하늘의 덕에 통달한 자가 아니고서는 그 어느 누가 능히 이를 알겠는가?

◉ 집주에서 말했다.

경륜經綸은 모두 실을 다스리는 일이다. 경經은 그 실마리를 다스려 나누는 것이다. 윤綸은 그 같은 것을 비교해서 합하는 것이다. 경經은 상常이다. 대경大經은 오품(五品: 五倫)의 인륜人倫이다. 대본大本은 성性의 전체인 것이다. 오직 성인의 덕만이 지극히 진실하고 망령된 것이 없다. 그러므로 인륜에 각각이 그 당연한 진실을 다해서 모두 천하 후세의 법으로 삼는 것으로 이른바 경륜經綸이라고 한다. 그 성性의 전체인 것은 털끝만큼도 인욕人欲의 거짓됨이나 섞이는 것이 없어야 천하의 도는 천 번을 변하고 만 번을 변화해 모두 이로 말미암아 나가서 이른바 '입立'이라고 한 것이다. 그 천지의 화육化育인즉 또한 지극히 진실하고 망령됨이 없는 것에는 묵계默契가 있어 다만 듣고 보는 지知가 아닐 뿐이다. 이것은 모두 지성至誠하고 망령된 것이 없는 자연의 공용功用인데 어찌 사물에 의탁하고 부착한 뒤에 능하겠는가?

순순肫肫은 간절하게 이르는 모양이며 경륜經綸으로써 말한 것이다. 연연淵淵은 고요하고 깊은 모양이며 본本을 세우는 것을 말한 것이다. 호호浩浩는 광대한 모양이며 변화를 아는 것으로써 말한 것이다. 기연기천其淵其天은 곧 특별한 말이 아닌 일반적인 말일 뿐이다.

고固는 실實과 같다. 정씨는 '오직 성인聖人만이 능히 성인聖人을 안다.' 고 했다.

오직 성인만이 오상五常을 밝힐 수 있고, 천하의 대도大道를 세우며, 만물의 화육化育을 주재할 수 있는 것으로, 이것은 다른 누구에게 의지하는 것이 아니다. 인간이 할 수 있는 것을 다한 자가 성인聖人이다. 성인은 하늘과 땅의 교감交感을 얻어 자연계의 화육도 주재할 수 있음을 제시하고, 이 어려운 일은 오직 인도人道를 다한 자인 성인만이 할 수 있는 사업이라는 것을 제시하고 있다.

唯天下至誠이아 爲能經綸[1]天下之大經[2]하며 立天下之大本[3]하며 知天地

之化育이니 夫焉有所倚리오

肫肫[4]其仁이며 淵淵[5]其淵이며 浩浩[6]其天이니라

苟不固[7]聰明聖知達天德者면 其孰能知之리오

經 綸 皆治絲之事 經者 理其緖而分之 綸者 比其類而合之也 經 常也 大經者 五品之人倫 大本者 所性之全體也 惟聖人之德極誠無妄 故於人倫各盡其當然之實 而皆可以爲天下後世法 所謂經綸之也 其於所性之全體 無一毫人欲之僞以雜之 而天下之道千變萬化皆由此出 所謂立之也 其於天地之化育 則亦其極誠無妄者有默契焉 非但聞見之知而已 此皆至誠無妄 自然之功用 夫豈有所倚著於物而後能哉

肫肫 懇至貌 以經綸而言也 淵淵 靜深貌 以立本而言也 浩浩 廣大貌 以知化而言也 其淵其天 則非特如之言已

固 猶實也 鄭氏曰 唯聖人能知聖人也

〔오직 천하의 지성至誠이어야 능히 천하의 큰 경經을 경經하고 윤綸하며, 천하의 큰 본本을 입立하며, 천지의 화육化育을 아나니, 어찌 의倚한 바 있으리오. 순순肫肫한 그 인仁이며, 연연淵淵한 그 연淵이며, 호호浩浩한 그 천天이니라. 진실로 총聰하며 명明하며 성聖하며 지知하여 천덕天德을 달한 자 아니면 그 누가 능히 알리오.〕

※

1 經綸(경륜): '경經'은 그 실마리를 추려 나눈다는 뜻. '윤綸'은 그 종류를 비교하여 합한다는 뜻. 곧 나라를 다스린다는 뜻으로 큰일과 작은 일을 합하여 다스린다는 뜻.

2 大經(대경): 사람으로서 지켜야 할 다섯 가지 도리인 오륜五倫을 가리킨다. 오상五常이라고도 한다. 군신유의君臣有義, 부자유친父子有親, 부부유별夫婦有別, 장유유서長幼有序, 붕우유신朋友有信.

3 大本(대본): 인간 본성의 전체를 말함.

4 肫肫(순순): 간절히 이르는 모양.

5 淵淵(연연): 고요하고 깊은 모양.

6 浩浩(호호): 넓고 큰 모양.

7 固(고): 진실로.

※ 이상은 제32장이다. 제30장의 '대덕지돈화大德之敦化'의 뜻을 이어 또한 천도天道이다. 제31장에서는 '지성지덕至聖之德'을 말하고, 이 장에서는 '지성지도至誠之道'를 말했다. 그러나 '지성지도至誠之道'는 '지성至聖'이 아니면 능히 알지 못하고, '지성지덕至聖之德'은 '지성至誠'이 아니면 능히 하지 못한다고 했는데 이것은 두 가지를 뜻하는 것이 아니다. 이 편은 성인의 천도天道의 극치이며, 이에 이르러서는 더 보탤 것이 없다는 것을 말했다.

上第三十二章 承上章而言大德之敦化 亦天道也 前章言至聖之德 此章言至誠之道 然至誠之道 非至聖不能知 至聖之德 非至誠不能爲 則亦非二物矣 此篇言聖人天道之極致 至此而無以加矣

제33장 천도天道의 극치

1. 도는 어둠 속에서도 빛난다

『시경』 위풍衛風 석인碩人편 및 정풍鄭風 봉丰편에 이르기를
'비단옷을 입고
홑옷을 덧입었네.'
라고 했는데, 이는 그 화려함이 드러나는 것을 꺼려서 한 행동이다. 그러므로 군자의 도는 어두운 듯하지만 날로 밝아지고, 소인小人의 도는 뚜렷해 보이지만 날로 사그라지는 것이다.

군자의 도는 담담하지만 싫증나지 않고, 간소하지만 문채가 있으며, 온화하지만 조리가 있다. 먼 곳을 가려면 가까운 곳에서부터 가는 것을 알고, 바람이 불어오는 곳을 알며, 은미隱微한 것이 뚜렷해지는 것을 안다면 가히 더불어 덕으로 들어갈 수 있을 것이다.

『시경』 소아小雅 정월正月편에 이르기를
'깊이 잠기어 엎드려 있으나
또한 매우 밝게 드러나네.'
라고 했다. 그러므로 군자는 안으로 살펴 병들지 않게 해서 마음에

부끄러움이 없게 하는 것이다.
군자가 가히 미치지 못하는 곳은 그 오직 사람들이 살필 수 없는 은미한 곳이 아니겠는가?

◉ 집주에서 말했다.

앞 장章에서는 성인의 덕의 성대함이 지극한 것을 말했다. 여기에서는 다시 하학입심下學立心의 비롯되는 것으로부터 말했고 아래의 문장에서는 또 미루어 그 지극함에 이르렀다. 시詩는 국풍國風의 위풍衛風 석인碩人편과 정풍鄭風 봉丰편에 있는 시구이다. 이곳에는 모두 '의금경의衣錦褧衣'로 되어 있다. 경褧과 경絅은 같은 글자이며 선의禪衣이다. 상尙은 가加이다. 옛날의 학자는 자신을 위했다. 그러므로 그가 마음을 세우는 것이 이와 같았다. 상경尙絅했으므로 암연闇然하고 의금衣錦함으로써 날마다 빛나는 실상이 있다. 담淡과 간簡과 온溫은 경絅을 밖에서 덮은 것이며 싫어하지 않아서 문文이 또 다스려졌으며 금錦의 아름다움은 속에 있는 것이다. 소인은 이와 반대로 하고 밖으로 드러내어 진실로써 계속하는 것이 없다. 이 때문에 적연的然해 보이지만 날마다 없어지는 것이다. 원지근遠之近은 저곳에서 나타나는 것이 여기에서 말미암는 것이다. 풍지자風之自는 밖에서 나타나는 것은 안에서 근본 한다는 것이다.

미지현微之顯은 모든 것이 안에 있어 모든 밖으로 형상하는 것이며 자신을 위하는 마음이 있는 것이다. 또 이 세 가지를 알게 되면 삼갈 바를 알아 덕으로 들어가는 것이 가한 것이다. 그러므로 아래 문장에 시를 인용해서 '근독謹獨'의 일을 말한 것이다.

시는 『시경』 소아小雅 정월正月편의 시구이다. 위의 문장을 이어서 제1장 '막현호은莫顯乎隱 막현호미莫顯乎微'를 말한 것이다. 구疚는 병病이다. 무오어지無惡於志는 말을 하는데 마음에 부끄러운 것이 없는 것과 같은 것이며, 이것은 군자의 근독謹獨의 일이다.

詩[1]曰 衣錦[2]尙絅[3]이라하니 惡其文之著也라 故로 君子之道는 闇然而日章[4]하고 小人之道는 的然而日亡하나니 君子之道는 淡而不厭하며 簡而文하며 溫而理니 知遠之近하며 知風之自하며 知微之顯이면 可與入德矣리라 詩[5]云 潛雖伏矣나 亦孔之昭라하니 故로 君子는 內省不疚[6]하여 無惡[7]於志니 君子之所不可及者는 其惟人之所不見乎인저

前章言聖人之德 極其盛矣 此復自下學立心之始言之 而下文又推之以至其極也 詩 國風 衛碩人 鄭之丰 皆作 衣錦褧衣 褧 絅同 禪衣也 尙 加也 古之學者爲己 故其立心如此 尙絅故闇然 衣錦故有日章之實 淡簡溫 絅之襲於外也 不厭而文且理焉 錦之美在中也 小人反是 則暴於外而無實以繼之 是以的然而日亡也 遠之近 見於彼者由於此也 風之自 著乎外者本乎內也

微之顯 有諸內者形諸外也 有爲己之心 而又知此三者 則知所謹而可入德矣 故下文引詩言謹獨之事

詩 小雅正月之篇 承上文言 莫見乎隱 莫顯乎微也 疚 病也 無惡於志 猶言無愧於心 此君子謹獨之事也

〔시詩에 가로되 금錦을 의衣하고 경絅을 상尙하다 하니 그 문文의 저著함을 오惡함이라. 고로 군자의 도는 암연闇然하되 날로 장章하고, 소인의 도는 적연的然하되 날로 망하나니, 군자의 도는 담淡하되 염厭치 아니하며 간簡하되 문文하며 온溫하되 이理하니, 원遠의 근近으로 함을 알며 풍風의 자自함을 알며 미微의 현顯함을 알면 가히 더불어 덕에 입入하리라. 시詩에

이르되 잠潛한 것이 비록 복伏하나 또한 심히 소昭타 하니, 고로 군자는 내內로 성省하여 구疚치 아니하여 지志에 오惡함이 없나니, 군자의 가히 미치지 못할 바는 그 오직 사람의 보지 못하는 바인저.〕

※

1 詩(시): 『시경』 국풍國風에서 위풍衛風 석인碩人편과 정풍鄭風 봉丰편에 있는 문장.

2 衣錦(의금): 비단옷. 비단옷을 입다.

3 尙絅(상경): 홑옷을 위에 덧입다. '상尙'은 '더하다'의 뜻.

4 闇然而日章(암연이일장): 어두운 듯하지만 날로 밝아진다는 뜻.

5 詩(시): 『시경』 소아小雅 정월正月편에 있는 문장.

6 不疚(불구): 병이 되지 않게 한다는 뜻.

7 無惡(무오): 부끄러워할 것이 없다. '오惡'는 부끄러워하다.

2. 덕은 깃털보다 가볍다

『시경』 대아大雅 억抑편에 말했다.

'네가 방에 있음을 보았다.

방안에서 부끄러움이 없기를 바라노라.'

그러므로 군자는 거동하지 않아도 백성이 공경하며, 말하지 않아도 백성이 신용하는 것이다.

『시경』 상송商頌 열조烈祖편에 말했다.

'나아가 신명神明을 이르게 함에 말이 없어

그 때에는 다투는 자 하나도 없네.'

이런 이유 때문에 군자는 상賞 주지 않아도 백성이 서로 힘쓰며,

성내지 않아도 백성이 도끼보다 더 두려워하는 것이다.
『시경』 주송周頌 열문烈文편에 말했다.
'나타나지 않는 그 덕을
모든 제후가 본받는다네.'
이런 이유 때문에 군자는 공손함을 두텁게 하면 천하가 태평해지는 것이다.
『시경』 대아 황의皇矣편에 이르기를
'내 그대의 밝은 덕을 생각하니
목소리와 낯빛을 크게 하지 마라.'
라고 했는데, 이에 공자가 말하기를 "목소리와 낯빛은 백성을 교화하는 데 있어 맨 끝에 보일 행동이니라."라고 했다.
『시경』 대아 증민烝民편에 이르기를
'덕은 가볍기가 깃털과 같다.'
라고 했는데, 깃털은 오히려 비교할 것이 있거니와 『시경』 대아大雅 문왕文王편에는
'저 높은 하늘의 일들은
소리도 없고 냄새도 없다.'
라고 지적한 내용이야말로 비교할 것도 없이, 지극함을 다한 것이다.

◉ 집주에서 말했다.

시는 대아 억抑편의 시구이다. 상相은 시視이다. 옥루屋漏는 방의 서북쪽 모퉁이 방이다. 앞의 문장을 이어 또 군자의 계근戒謹하고 공구恐懼하는

것을 때마다 그러하지 않는 것이 없다는 것을 말했다. 말과 행동을 기다리지 않은 뒤에 공경하고 신용이 있으면 그 자신을 위하는 공로는 더욱더 정밀해질 것이다. 그러므로 아래 문장에도 시를 인용해 나란히 그 효과를 말했다.

시는 『시경』 상송商頌 열조烈祖편의 시구이다. 주奏는 진進이다. 앞의 문장을 이어서 드디어 그 효과에 이르렀다. 말을 올려서 신명神明이 이르러 느끼는 때에는 그의 정성과 공경을 지극히 한 것으로 말이 있지 않아도 사람들이 스스로 교화한다는 것이다. 위威는 외畏이다. 부鈇는 좌작도莝斫刀이다. 월鉞은 부斧이다.

시는 주송周頌 열문烈文편의 시구이다. 불현不顯은 설명이 제26장에 나와 있다. 이 문장은 생각하건대 조용하고 깊숙하며 현묘하고 심원한 뜻을 인용해 빌려 위의 문장을 이어서 천자가 불현지덕不顯之德이 있으면 제후는 그 덕을 본받아 덕으로 삼게 되는 것으로, 더욱 깊고 더욱 먼 효과가 있다는 것을 말한 것이다. 독篤은 후厚이다. 독공篤恭은 그의 공경하는 것을 나타내지 않는 것을 말한 것이다. '독공이천하평篤恭而天下平'은 성인의 지덕至德이며 심원하고 미묘한 자연의 응함이며 중용中庸의 극공極功이다.

시는 『시경』 대아 황의皇矣편의 시구이다. 이 시를 인용해서 상문上文의 이른바 '불현지덕不顯之德'을 밝히고 목소리와 낯빛을 크게 하지 말라고 한 것을 바르게 한 것이다. 또 공자의 말을 인용해 목소리와 낯빛은 백성을 교화시키는 맨 끝에 힘쓰는 것으로 여겼다. 지금 다만 목소리를 크게 하지 않는 데 그칠 뿐이라면 오히려 목소리와 낯빛은 있어 존재하는 것이다. 이것은 형용形容이 나타나지 않는 묘妙의 표현이 부족한 것으로 증민烝民의 시와 같지 못한 것이다. 증민의 시에서 말한 바 '덕유여모德輶

如毛'라고 한 것은 가히 형용形容의 일에 가까이한 것이다. 또 스스로 생각해서 이르기를 모(毛: 털)는 오히려 가히 비교할 것이 있다고 했다. 이것 또한 그 미묘한 것을 다했으나 문왕의 시에서 말한 바 '상천上天의 일은 소리도 없고 냄새도 없다〔無聲無臭〕.'고 한 연후에야 이에 불현不顯의 지극한 것이 되는 것만 같지 못할 뿐이다. 대개 소리와 냄새는 기氣는 있고 형체가 없으며 사물에 있어서는 가장 미묘한 것으로 삼아서 오히려 '없다〔無〕.'고 일렀다. 그러므로 오직 이곳에서는 불현독공不顯篤恭의 묘妙를 형용한 것이 가한 것이며, 이것은 덕의 밖이 아니고 또 별도로 이 세 가지의 등급이 있은 연후에야 지극한 것이 되는 것이다.

『시경』의 네 편의 문장을 인용하여 군자의 도가 시행되는 상황을 설명하고, 중간에 공자의 말을 인용하여 교화敎化의 일부를 논했다.

군자의 도는 말과 얼굴색의 변화보다는 행동과 무언無言의 교육으로, 자연계의 무성무취無聲無臭와 비교하여 설명한 것이다. 말과 성냄으로 교화시키는 것은 교육의 말단末端이라 했다.

오직 자연계의 무성무취한 운행을 본받고 말없이 행동하는 것만을 교화의 참다운 근본으로 삼는다면 권장하지 않아도 따르고, 말하지 않아도 믿으며, 상 주지 않아도 백성은 부지런히 노력하고, 성내지 않아도 백성이 위의威儀를 느낀다고 했다. 이 때문에 '대덕불수大德不讎'라고 한 것이다.

교화의 참다운 근본은 이러해야 하며, 이로써 중용의 도道, 곧 군자의 도가 천지의 지성至誠과 교감交感하고 합하여 하나로 이루어질 때, 천지자연과 조화를 같이 하고 육성育成을 같이 하며, 천하의 법도를 제정하고 천하의 대본大本을 세우며, 천하가 태평해지는 것이라고 했다. 이 문장은 중용의 종장終章이다. 정명도程明道는 "중용中庸은 처음에는 하나의 이치를 논하고, 중간에는 만사萬事로 나누어 말하고, 끝에는 다시 하나의 이치로 합하여 행해진다."라고 설명했는데, 이것은 '중용' 전체의 뜻을 잘 설명했다고 '집주'에서 말했다.

詩[1]云 相[2]在爾室한대 尙不愧于屋漏[3]이라하니 故로 君子는 不動而敬하며 不言而信이니라

詩[4]曰 奏[5]假無言하여 時靡有爭이라하니 是故로 君子는 不賞而民勸하며 不怒而民威於鈇鉞[6]이니라

詩[7]曰 不顯惟德을 百辟[8]其刑之라하니 是故로 君子는 篤恭而天下 平이니라

詩[9]云 予懷明德의 不大聲以色이라하여늘 子曰 聲色之於以化民에 末也라 하시니라 詩[10]云 德輶如毛라하니 毛猶有倫이어니와 上天之載 無聲無臭아 至矣니라

詩 大雅抑之篇 相 視也 屋漏 室西北隅也 承上文又言君子之戒謹恐懼無時不然 不待言動而後敬信 則其爲已之功益加密矣 故下文引詩幷言其效

詩 商頌烈祖之篇 奏 進也 承上章而遂及其效 言進而感格於神明之際 極其誠敬無有言說而人自化之也 威 畏也 鈇 莝斫刀也 鉞 斧也

詩 周頌烈文之篇 不顯 說見二十六章 此借引以爲幽深玄遠之意 承上文言天子有不顯之德 而諸侯法之 則其德愈深而效愈遠矣 篤 厚也 篤恭 言不顯其敬也 篤恭而天下平 乃聖人至德淵微 自然之應 中庸之極功也

詩 大雅皇矣之篇 引之以明上文所謂不顯之德者 正以其不大聲與色也 又引孔子之言 以爲聲色乃化民之末務 今但言不大之而已 則猶有聲色者存 是未足以形容不顯之妙 不若烝民之詩所言 德輶如毛 則庶乎可以形容矣 而又自以爲謂之毛 則猶有可比者 是亦盡其妙 不若文王之詩所言 上天之事 無聲無臭 然後乃

爲不顯之至耳 蓋聲臭有氣無形 在物最爲微妙 而猶曰無之 故惟此可以形容不顯篤恭之妙 非此德之外 又別有是三等 然後爲至也

〔시에 이르되 네 실室에 재在함을 상相한데 거의 옥루屋漏에 부끄럽지 아니타 하니, 고로 군자는 동動치 아니하여도 경敬하며, 언言치 아니하여도 신信하느니라. 시에 가로되 주奏하여 격假함에 언言이 없어 때에 다툼이 있지 아니타 하니, 이런 고로 군자는 상賞치 아니하여도 민이 권勸하며, 노怒치 아니하여도 민이 부월鈇鉞보다 무서워하느니라. 시에 가로되 현顯치 아니한 덕을 백벽百辟이 그 형刑하다 하니, 이런 고로 군자는 공恭을 독篤히 함에 천하 평平하느니라. 시에 이르되 내 그대의 명덕明德을 생각하니 성聲과 색色을 크게 하지 마라 하여늘, 자 가라사대 성과 색은 써 민을 화化함에 말末이라 하시니라. 시에 이르되 덕의 유輶함이 모毛 같다 하니, 모는 오히려 윤倫이 있거니와, 상천上天의 재載는 성聲도 없으며 취臭도 없다 하니 지극하니라.〕

※

1 詩(시): 『시경』 대아大雅 억抑편에 있는 문장.

2 相(상): '바라보다'의 뜻으로 쓰였다.

3 屋漏(옥루): 방안의 서북쪽 구석.

4 詩(시): 『시경』 상송商頌 열조烈祖편에 있는 문장.

5 奏(주): '나아가다'의 뜻으로 쓰였다.

6 鈇鉞(부월): 작은 도끼와 큰 도끼. 옛날에 형구刑具로 사용한 것들이다.

7 詩(시): 『시경』 주송周頌 열문烈文편에 있는 문장.

8 百辟(백벽): 모든 임금. 곧 모든 제후를 말한다.

9 詩(시): 『시경』 대아 황의皇矣편에 있는 문장.

10 詩(시): 『시경』 대아 증민烝民편에 있는 문장.

※ 이상은 제33장이다. 이 장은 자사가 앞 장에 말한 천도天道의 극치를 말을 따라 돌이켜 그 근본을 구했으며, 다시 하학下學·위기爲己·근독謹獨의 일로부터 미루어 '독공이천하평篤恭而天下平'의 성대함을 익혀 이루어야 하는 것을 말했다. 또 그 오묘함을 찬양하고 무성무취無聲無臭의 상태에 이른 후에야 그치는 것이라고 했다. 대개 한 편〔一篇: 33장〕의 요체를 들어 간략하게 말했다.
다시 반복하고 반복시키며 경계시켜 사람에게 보이는 뜻이 지극히 깊고 간절하다. 학자는 자신의 마음을 다하지 않겠는가?

上第三十三章 子思因前章極至之言 反求其本 復自下學爲己謹獨之事推而言之 以馴致乎篤恭而天下平之盛 又贊其妙 至於無聲無臭而後已焉 蓋擧一篇之要而約言之 其反復丁寧示人之意 至深切矣 學者其可不盡心乎

※ 이 장이야말로 중용 전체편의 뜻을 하나로 모아 덕의 실체를 밝혀 놓은 정수精髓이다.

중용장구서中庸章句序

'중용中庸'은 왜 지었는가?

자사는 도학(道學: 儒學으로, 도덕에 관한 학문을 말함)의 맥이 단절될까 염려하여 지은 것이다. 대개 상고 시대上古時代부터 성신(聖神: 聖人)이 하늘을 대신해 법도를 만들어 오면서 도의 전승傳承은 스스로 이어져 왔다.

그 한 예로 경전經典에 나타난 '진실로 그 중을 잡으라〔允執厥中〕.'는 말은 요임금이 순임금에게 전수한 것이요, '사람의 마음은 위태롭고 도심道心은 오직 미묘한 것이니, 오직 정밀하고 오직 한결같아야 진실로 그 중을 잡는다〔人心惟危 道心惟微 惟精惟一 允執闕中〕.'는 말은 순임금이 우禹임금에게 전수한 말이다.

요임금의 한 마디는 지극하고 극진한 것이었으며, 순임금은 이 말을 곧바로 알아들었다. 그런데 순임금이 여기에 세 마디를 덧붙인 이유는 요임금의 한 마디에 순임금이 세 마디를 덧붙인 뒤라야 우임금은 그것을 깨우칠 수 있었기 때문이다.

대체로 인심人心과 도심道心을 논한다면 마음의 허虛하고 영묘한 것을 깨달아 아는 것은 한 가지일 뿐이다.

인심과 도심이 다른 점은 때로는 형상과 기질의 사사로움에서 기인하는 것이며, 혹은 본성〔仁義禮智〕의 바른 것에 근원해 지각知覺하는 것이 서로 다르기 때문이다. 그러므로 혹 위태하기도 하며 불안하기도 하고 혹은 미세하기도 하고 보기가 어렵기도 한 것이다.

사람이라면 형체를 가지지 않은 사람이 없다. 비록 최고로 지혜로운 자〔上智〕라도 인심을 가지지 않는 자가 없고, 또한 이 본성을 지니지 않은 자도 없으며 아무리 어리석은 자라도 이 도심을 가지지 않은 자는 없다.

인심과 도심의 두 가지는 항상 인간의 마음속에 뒤섞여 있어서 이것을 다스리지 못하면, 위태로운 사람은 더욱 위태로워지고 미묘微妙한 것은 더욱 미묘해져서 하늘이 가진 이치의 공정한 것을 가지고도 마침내는 인간의 욕심에 따라 일어나는 사사로운 것을 이겨 낼 수 없게 된다.

정밀하다는 것은 두 가지의 사이를 잘 살펴서 섞이지 않게 하는 것이다. 한결같다는 것은 그 본심의 정도를 지켜서 떠나지 않게 하는 것이다. 여기에 종사하여 조금이라도 중단함이 없어야 반드시 도심으로 하여금 항상 한 몸의 주인이 되게 하고 인심이 매일 도심의 명령을 따르게 되면 위태한 자는 안정되고, 미묘한 것은 나타나 움직이고 정지하며 말하고 행동하는 것이 스스로 지나치거나 미치지 못하는 차이가 없을 것이며 곧 중용의 도심을 얻게 될 것이다.

무릇 요임금, 순임금, 우임금은 천하의 대성인大聖人이고, 천하를 서로 전해 준 것은 천하에서 제일 큰일이다.

천하의 대성인으로서 천하에서 제일 큰일을 행해 그 주고받는 일에 즈음하여 정중히 경계하기를 이와 같은 몇 마디 언급에 지나지 않았다.

천하의 이치가 어찌 여기에 더 보탤 것이 있겠는가!

그 뒤로는 성인과 성인이 서로 계승했다.

은殷나라의 탕왕, 주나라의 문왕·무왕 같은 군주나 고요(皐陶: 순임금의 신하), 이윤(伊尹: 탕왕의 신하), 부열(傅說: 은나라를 중흥시킨 고종의 신하), 주공(周公: 문왕의 아들로 무왕의 동생), 소공(召公: 문왕의 서자로 주공과 함께 무왕을 도움) 같은 신하들은 이미 다 이것(堯·舜·禹가 주고받은 경계의 말)으로써 전해 도가 이어지는 맥을 이어 왔다.

우리의 부자(夫子: 공자) 같은 분은 비록 그 지위를 얻지 못했으나 지나간 성인들의 도통을 이어서 닦아 선비들에게 학문을 열어 주었다.

그 거대한 공로는 요임금이나 순임금보다 도리어 훌륭했다. 그러나 당시에는 직접 보고 안 사람은 오직 안씨(顔氏: 顔子)와 증씨(曾氏: 曾子)였으며 그들이 후세에 전한 것은 그 으뜸을 얻었다.

증씨가 다시 전할 때 공자의 손자인 자사가 그 진리를 다시 얻었으나 성인의 시대에서 오래 지난 시기였다. 이때에는 이단(異端: 제자백가)의 학설이 일어나게 되었다.

자사는 오래되면 더욱 그 진실을 잃을까 두려워하고, 이에 요임금과 순임금과 우임금 이래로 서로 전승된 뜻을 미루어 평소 들었던 스승의 말을 질정하여 서로 대조하고 뜻을 풀어서, 이 책을 지어 후세에 배우는 사람들에게 깨우쳐 준 것이다.

대개 그 근심이 깊었으므로 그 말이 간절하고, 그 생각하는 바가 멀었으므로 그 말은 자상했다.

그 천명솔성天命率性은 도심道心을 가리키는 것이요, 그 택선고집擇善固執은 정일精一을 말한 것이요, 그 군자시중君子時中은 중용을 가진 것〔執中〕을 말한 것이다.

세상이 흘러 온 지 1천여 년이 지났건만 그 언어가 다르지 않아

쪼갠 부절符節을 서로 합한 것 같았다.

앞선 성인들의 글을 가려 뽑아 강령을 삼고 그윽한 뜻을 열어서 보여 주기를, 이와 같이 밝고도 그 뜻을 다한 것이 있지 않았다.

이로부터 다시 전하여 맹씨(孟氏: 孟子)를 얻어 이 책을 미루어 밝히게 됨으로써 앞선 성인들의 도통을 계승했다. 맹씨가 죽은 후에는 그 도통의 맥이 끊기고 말았다.

우리 도(道: 儒學)가 의지하는 바는 말과 글자 사이를 넘어서지 못하고, 이단의 말들이 날로 새롭고 달마다 번성했다. 노자老子의 무리와 불교의 무리가 나타남에 이르러서는 그들이 더욱 이치에 가까운 듯했으나 참된 도를 크게 어지럽혔다.

그러나 다행히 아직 이 책은 없어지지 않았었다. 정부자(程夫子: 程子 형제, 곧 程顥·程頤)가 태어나 상고할 바를 얻어 1천년 동안 전승되지 못하던 실마리를 이을 수 있게 되었고 의거할 바를 얻었으므로, 저 이가(二家: 老·佛)의 사이비학문을 물리치게 되었다.

이로써 자사의 공이 위대해졌으며, 또 정부자程夫子 형제가 아니었다면 그 말씀에 의거해 그 마음을 이해하지 못했을 것이다.

애석하도다!

그들의 논설이 전해지지 못하고 오직 석씨(石氏: 石子重集解)가 수집한 것이 겨우 그 문인의 기록에서 나왔을 뿐이다.

이로써 그 큰 뜻은 비록 밝혀졌으나 그 미묘한 말이 해석되지 못했고, 그의 문인이 스스로 논설한 것에 이르러서는 비록 몹시 자세하게 뜻을 해명한 것이 많기는 하지만 그 스승의 학설에는 위배되고 노자나 불교의 학설에 젖어든 부분이 또한 있었다.

주희(朱熹: 朱子)는 어렸을 때부터 일찍이 이를 받아 읽어 보고 혼자 의심을 품어 깊은 연구를 여러 해 거듭했으며 어느 날 하루아침에 황홀히 그 요령을 깨달았다.

그 후 또 여러 학설을 모으고 그 뜻을 절충하여 이 '중용장구中庸章句' 한 편을 지어 뒤에 오는 군자(君子: 學者)들을 기다리기로 마음을 정했다. 그리고 한두 명의 동지와 다시 석씨石氏의 책을 취해 그 번잡하고 혼란한 것을 깎아 내어 '집략輯略'이라 이름했다. 또 옳고 그른 것을 갈라 취하고 버린 뜻을 기록해 따로 '혹문或問'을 만들어 그 뒤에 붙였다.

그 후 이 책의 뜻이 가지가 나누어지고 맥락이 관통되어 자세한 곳과 간략한 곳이 서로 연관되고 크고 작은 것이 다 드러나게 되었다. 이에 모든 학설의 같고 다름과 얻고 잃음이 또한 자세하게 밝혀지고, 각각 그 취지가 다 드러나게 되었다.

비록 도통道統의 전승에는 감히 망령되이 논의될 바 아니라고 여길지라도 처음 배우는 선비가 혹 취하는 것이 있다면 멀리 가고 높이 오르는 데 하나의 도움이 될 수 있을 것이다.

순희淳熙 기유己酉 봄 3월 무신戊申일에 신안新安의 주희朱熹는 서문을 쓴다.

中庸은 何爲而作也오 子思子 憂道學之失其傳而作也시니라 蓋自上古로 聖神이 繼天立極而道統之傳이 有自來矣라 其見於經則允執厥中者는 堯之所以授舜也오 人心은 惟危하고 道心은 惟微하니 惟精惟一이라사 允執厥中者는 舜之所以授禹也니 堯之一言이 至矣盡矣而舜이 復益之以三

言者는 則所以明夫堯之一言이 必如是而後에 可庶幾也라

蓋嘗論之컨대 心之虛靈知覺이 一而已矣로대 而以爲有人心道心之異者는 則以其或生於形氣之私하며 或原於性命之正하니 而所以爲知覺者 不同하여 是以로 或危殆而不安하고 或微妙而難見耳라

然이나 人莫不有是形故로 雖上智나 不能無人心이오 亦莫不有是性故로 雖下愚나 不能無道心하니 二者 雜於方寸之間而不知所以治之則危者愈危하고 微者 愈微而天理之公이 卒無以勝夫人欲之私矣라

精則察夫二者之間而不雜也오 一則守其本心之正而不離也니 從事於斯하여 無小間斷하여 必使道心으로 常爲一身之主而人心이 每聽命焉 則危者 安하고 微者 著而動靜云爲 自無過不及之差矣리라

夫堯舜禹는 天下之大聖也시고 以天下相傳은 天下之大事也니 以天下之大聖으로 行天下之大事하사 而其授受之際에 丁寧告戒 不過如此則天下之理 豈有以加於此哉리오

自是以來로 聖聖이 相承하시니 若成湯文武之爲君과 皐陶伊傅周召之爲臣이 旣皆以此而接夫道統之傳하시고 若吾夫子則雖不得其位나 而所以繼往聖開來學하시니 其功이 反有賢於堯舜者나 然이나 當是時하여 見而知之者는 惟顔氏曾氏之傳이 得其宗하시고 及曾氏之再傳하여 而復得夫子之孫子思하니 則去聖이 遠而異端이 起矣라

子思 懼夫兪久而愈失其眞也하사 於是에 推本堯舜以來相傳之意하시고 質以平日所聞父師之言하여 更互演繹하여 作爲此書하사 以詔後之學者하시니 蓋其憂之也 深故로 其言之也 切하고 其慮之也 遠故로 其說之也 詳하니 其曰天命率性則道心之謂也오 其曰擇善固執則精一之謂也오 其曰君子時中則執中之謂也니 世之相後 千有餘年이로대 而其言之不異

如合符節이라 歷選前聖之書하여 所以提挈綱維하며 開示蘊奧 未有若是之明且盡者也라

自是而又再傳以得孟氏하여 爲能推明是書하여 以承先聖之統하시고 及其沒而遂失其傳焉 則吾道之所寄 不越乎言語文字之間하고 而異端之說이 日新月盛하여 以至於老佛之徒 出則彌近理而大亂眞矣라

然而尙幸此書之不泯故로 程夫子兄弟者 出하사 得有所考하여 以續夫千載不傳之緖하시고 得有所據하여 以斥夫二家似是之非하시니 盖子思之功이 於是爲大而微程夫子면 則亦莫能因其語而得其心也리라

惜乎라 其所以爲說者 不傳而凡石氏之所輯錄이 僅出於其門人之所記하니 是以로 大義 雖明而微言이 未析하고 至其門人之所自爲說則雖頗詳盡而多所發明이나 然이나 倍其師說而淫於老佛者 亦有之矣라

熹自蚤歲로 卽嘗受讀而竊疑之하여 沈潛反復이 盖亦有年이니 一旦에 恍然하여 似有得其要領者然後에 乃敢會衆說而折其衷하여 旣爲定著章句一篇하여 以俟後之君子而一二同志 復取石氏書하여 刪其繁亂하여 名以輯略하고 且記所嘗論辨取舍之意하여 別爲或問하여 以附其後然後에 此書之旨 支分節解하고 脉絡貫通하여 詳略相因하고 巨細畢擧而凡諸說之同異得失이 亦得以曲暢旁通而各極其趣하니 雖於道統之傳에 不敢妄議나 然이나 初學之士 或有取焉則亦庶乎行遠升高之一助云爾라

淳熙己酉春三月戊申에 新安朱熹는 序하노라

부록

선성세계도先聖世系圖

중국 유학 도통원류도中國儒學道統源流圖

동방성학원류도東方聖學源流圖

1. 선성세계도先聖世系圖

옛날 설契이 상商 땅에 봉해졌으며 성씨를 자子로 받았다. 주무왕周武王이 상商을 멸하고 아들 성왕成王 때에 상商나라 제을帝乙의 장자인 미자계(微子啓: 微는 나라 이름. 자는 子爵)를 송宋에 봉했으며 미자가 죽자 미자의 동생 미중연微仲衍이 그의 뒤를 이었다.

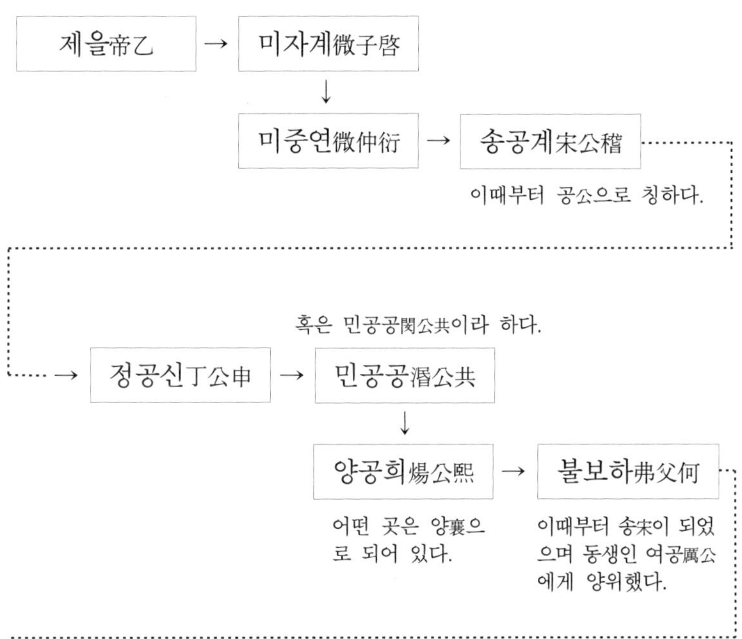

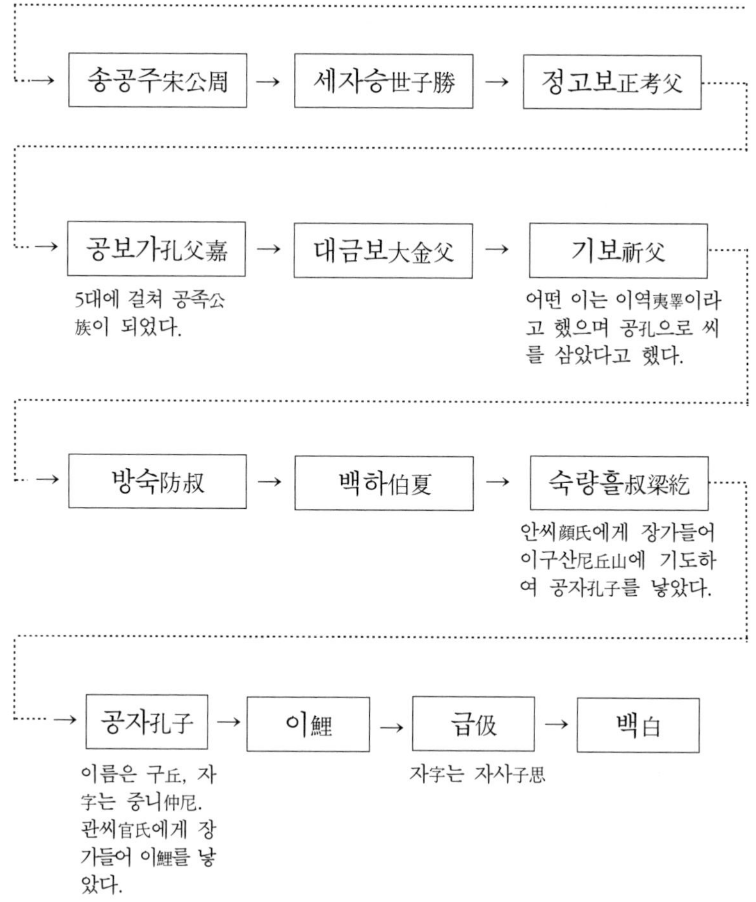

송공주宋公周
세자승世子勝
정고보正考父
공보가孔父嘉
5대에 걸쳐 공족公族이 되었다.
대금보大金父
기보祈父
어떤 이는 이역夷睪이라고 했으며 공孔으로 씨를 삼았다고 했다.
방숙防叔
백하伯夏
숙량흘叔梁紇
안씨顔氏에게 장가들어 이구산尼丘山에 기도하여 공자孔子를 낳았다.
공자孔子
이름은 구丘, 자字는 중니仲尼. 관씨官氏에게 장가들어 이鯉를 낳았다.
이鯉
급伋
자字는 자사子思
백白

2. 중국 유학 도통원류도中國儒學道統源流圖

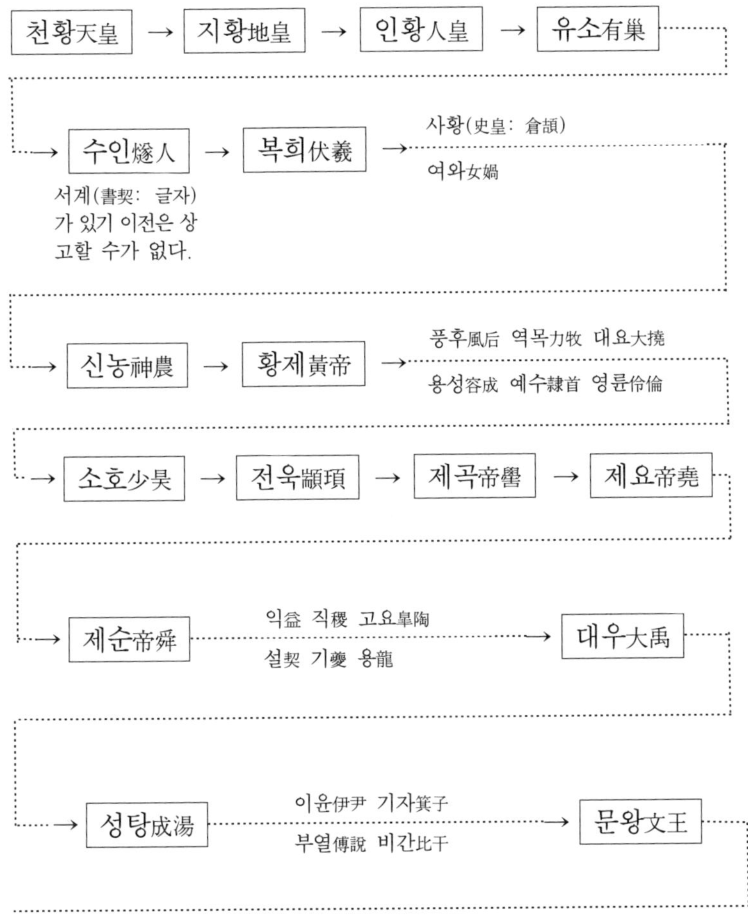

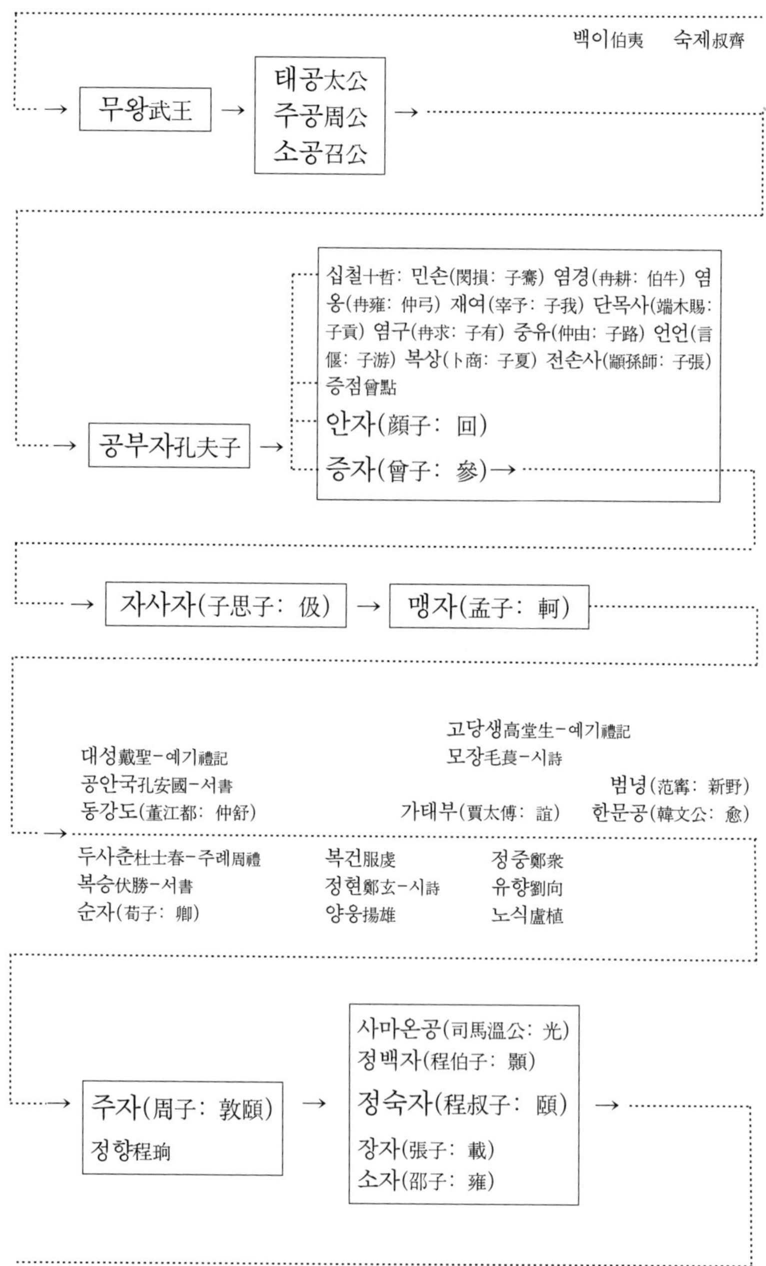

백이伯夷 숙제叔齊
무왕武王
태공太公
주공周公
소공召公
공부자孔夫子
십철十哲: 민손(閔損: 子騫) 염경(冉耕: 伯牛) 염옹(冉雍: 仲弓) 재여(宰予: 子我) 단목사(端木賜: 子貢) 염구(冉求: 子有) 중유(仲由: 子路) 언언(言偃: 子游) 복상(卜商: 子夏) 전손사(顓孫師: 子張) 증점曾點
안자(顔子: 回)
증자(曾子: 參)
자사자(子思子: 伋)
맹자(孟子: 軻)
고당생高堂生-예기禮記
모장毛萇-시詩
대성戴聖-예기禮記
공안국孔安國-서書
동강도(董江都: 仲舒)
범녕(范寗: 新野)
가태부(賈太傅: 誼)
한문공(韓文公: 愈)
두사춘杜士春-주례周禮
복승伏勝-서書
순자(荀子: 卿)
복건服虔
정현鄭玄-시詩
양웅揚雄
정중鄭衆
유향劉向
노식盧植
주자(周子: 敦頤)
정향程珦
사마온공(司馬溫公: 光)
정백자(程伯子: 顥)
정숙자(程叔子: 頤)
장자(張子: 載)
소자(邵子: 雍)

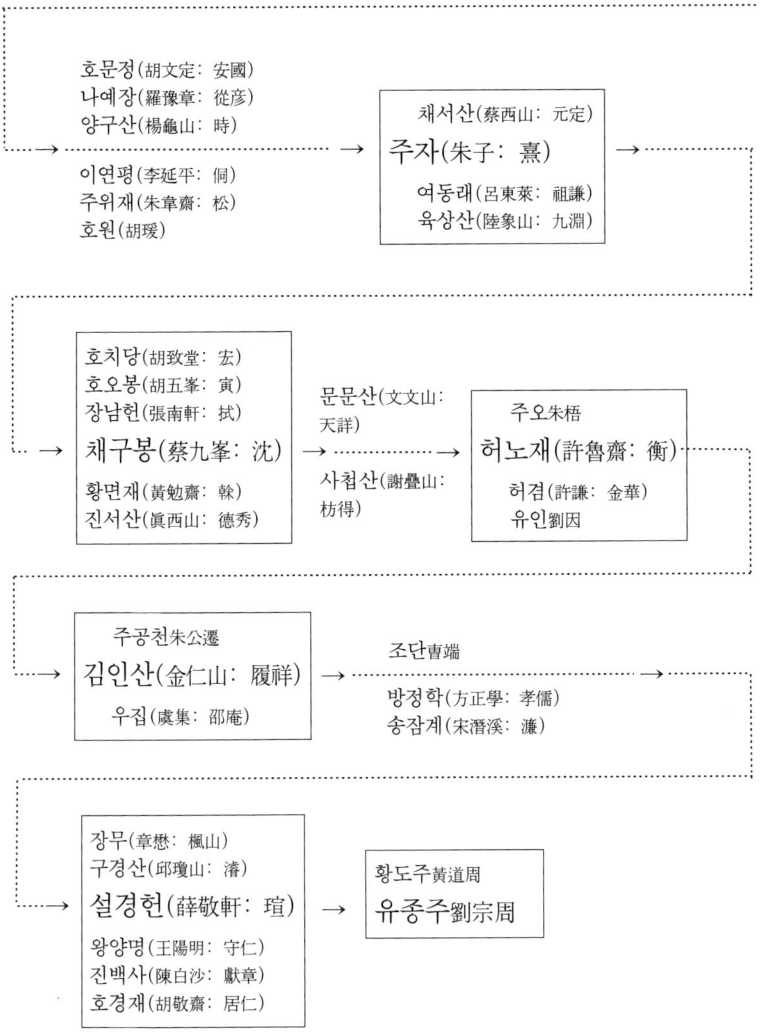

호문정(胡文定: 安國)
나예장(羅豫章: 從彦)
양구산(楊龜山: 時)
→ →
이연평(李延平: 侗)
주위재(朱韋齋: 松)
호원(胡瑗)

채서산(蔡西山: 元定)
주자(朱子: 熹)
여동래(呂東萊: 祖謙)
육상산(陸象山: 九淵)
→

→
호치당(胡致堂: 宏)
호오봉(胡五峯: 寅)
장남헌(張南軒: 拭)
채구봉(蔡九峯: 沈)
황면재(黃勉齋: 榦)
진서산(眞西山: 德秀)
→
문문산(文文山: 天詳)
사첩산(謝疊山: 枋得)
→
주오朱梧
허노재(許魯齋: 衡)
허겸(許謙: 金華)
유인劉因

→
주공천朱公遷
김인산(金仁山: 履祥)
우집(虞集: 邵庵)
→
조단曺端
방정학(方正學: 孝儒)
송잠계(宋潛溪: 濂)
→

→
장무(章懋: 楓山)
구경산(邱瓊山: 濬)
설경헌(薛敬軒: 瑄)
왕양명(王陽明: 守仁)
진백사(陳白沙: 獻章)
호경재(胡敬齋: 居仁)
→
황도주黃道周
유종주劉宗周

3. 동방성학원류도東方聖學源流圖

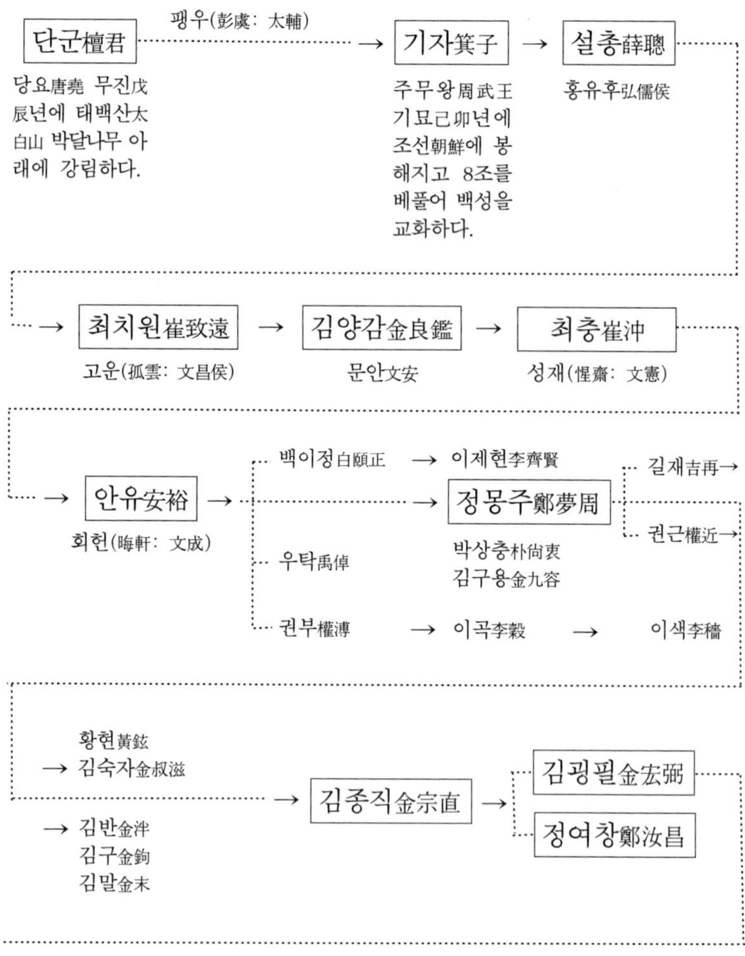

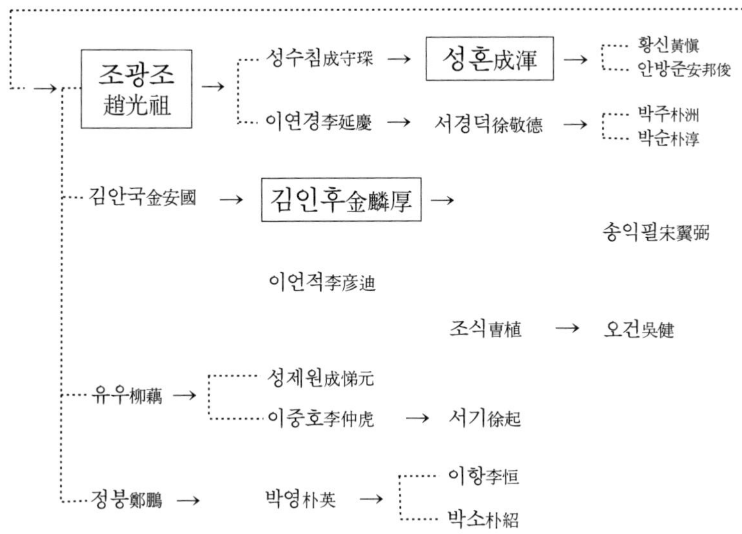

조광조 趙光祖
성수침成守琛
성혼成渾
황신黃愼
안방준安邦俊
이연경李延慶
서경덕徐敬德
박주朴洲
박순朴淳
김안국金安國
김인후金麟厚
송익필宋翼弼
이언적李彦迪
조식曺植
오건吳健
유우柳藕
성제원成悌元
이중호李仲虎
서기徐起
정붕鄭鵬
박영朴英
이항李恒
박소朴紹

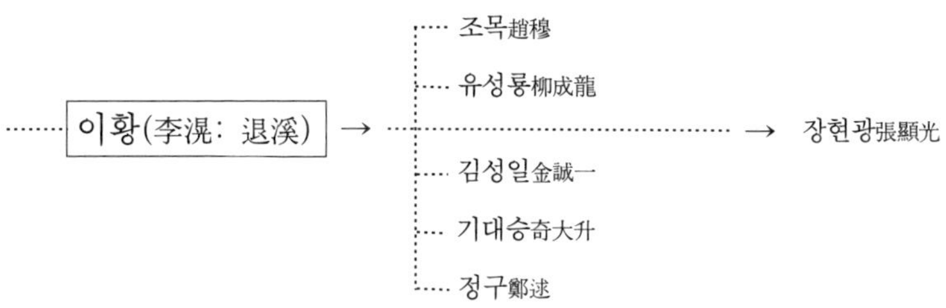

이황(李滉: 退溪)
조목趙穆
유성룡柳成龍
장현광張顯光
김성일金誠一
기대승奇大升
정구鄭逑

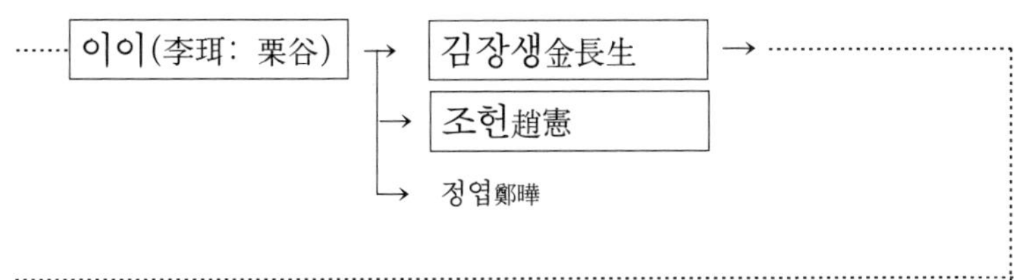

이이(李珥: 栗谷)
김장생金長生
조헌趙憲
정엽鄭曄

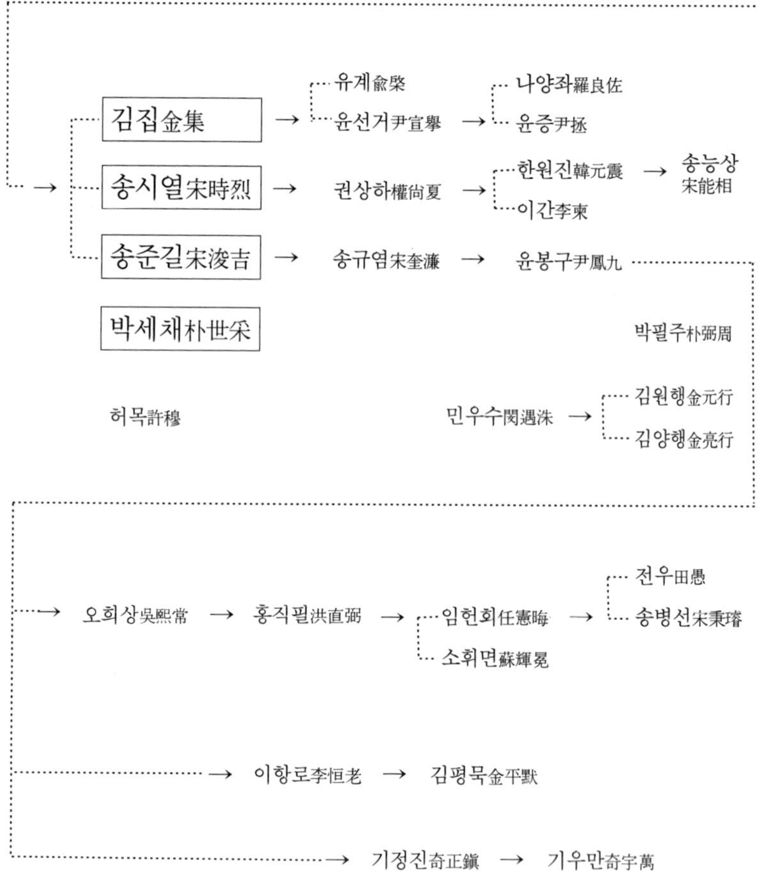
유계兪棨
김집金集
윤선거尹宣擧
나양좌羅良佐
윤증尹拯
송시열宋時烈
권상하權尙夏
한원진韓元震
송능상宋能相
이간李柬
송준길宋浚吉
송규염宋奎濂
윤봉구尹鳳九
박세채朴世采
박필주朴弼周
허목許穆
민우수閔遇洙
김원행金元行
김양행金亮行
오희상吳熙常
홍직필洪直弼
임헌회任憲晦
전우田愚
송병선宋秉璿
소휘면蘇輝冕
이항로李恒老
김평묵金平默
기정진奇正鎭
기우만奇宇萬

원문 자구 색인原文字句索引

【ㄱ】

【ㅊ】

【ㅌ】

【ㅍ】

【ㅎ】

이준영李俊寧

1949년 전북 고창 생.

어릴 때부터 노사蘆沙 학맥인 일재逸齋 정홍채鄭弘采 선생 문하[月山書堂]에서 경전經典을 배우고 연구하였다.

자는 도문道文, 호는 지한止漢이다.

역서로 『대학大學』, 『시경詩經』, 『십팔사략十八史略』, 『주역周易』, 『묵자墨子』 등 다수가 있다.

《동양학총서 6》 중용中庸

초판 1쇄 인쇄 2014년 5월 20일 | **초판 1쇄 발행** 2014년 5월 27일

해역 이준영 | **펴낸이** 김시열

펴낸곳 도서출판 자유문고

서울시 영등포구 선유로 49 미주프라자 B1-102호

전화 (02) 2637-8988 | **팩스** (02) 2676-9759

ISBN 978-89-7030-057-3 04140 값 10,000원

ISBN 978-89-7030-000-9 (세트)

http://www.jayumungo.co.kr